La Dolce Vita aus Bella Italia

Rezepte aus

Italien

Atemberaubende italienische Küche
zum selber machen.

EINFACH UND SCHNELL
GEKOCHT

Aus der Reihe

66 Rezepte zum Verlieben

Teil 31

Autor .: M

Inhaltsverzeichnis

Antipasti

1. Tomaten-Topping Zucchini- mit Frittata

Zutaten

Für 8 Portionen

1 Tl Schwarzkümmelsaat

1,5 El Pinienkerne

450 g Tomaten

Fleur de sel

1 TL brauner Zucker

Pfeffer

0,5 Tl fein abgeriebene Bio-Zitronenschale

7 El Olivenöl

80 g Schalotten

2 Knoblauchzehen

500 g Zucchini

2 kleine Möhren (ca. 200 g)

5 Eier , (Gr. M)

Zeit

Arbeitszeit: 45 Min.

plus Backzeit 20 Minuten

Nährwert

Pro Portion 200 kcal

Kohlenhydrate: 6 g

Eiweiß: 7 g

Fett: 15 g

Schwierigkeit

So wird es gemacht

In einer Pfanne den Schwarzkümmel und die Pinienkerne fettfrei anrösten. Die Tomaten in Viertel schneiden und das kernige Fruchtfleisch in ein feines Sieb geben. Über einem Topf das Fruchtfleisch durch das Sieb streichen. Die aufgefangene Flüssigkeit würzen mit etwas Pfeffer, Zucker und Fleur de Sel würzen. Schwarzkümmel, Abrieb der Zitronenschale, Pinienkerne und 3 EL Öl unterrühren. Das Fruchtfleisch der Tomate in ca. 4 mm Stücke schneiden und dazugeben.

Knoblauch schälen und fein würfeln. Schalotten in der Länge halbieren und in Streifen schneiden. Möhre schälen, Zucchini putzen und beides in feine Spaghetti-Streifen hobeln. Den Rest fein kleinschneiden.

In einer ofenfesten Pfanne (24 cm Ø) das restliche Olivenöl erhitzen. Bei mittlerer Hitze darin den Knoblauch und die Schalotten für 4-5 min andünsten. Die Möhren- und Zucchinistreifen darüber geben und miteinander mischen. In einer Schüssel die Eier mit Salz und Pfeffer würzen und alles miteinander verquirlen. Über das Gemüse geben und im vorgeheizten Backofen bei 170 Grad Ober-/Unterhitze, Stufe 2-3 Gas oder 150 Grad bei Umluft, auf der mittleren Schiene für 25 min garen.

Die fertige Frittata nach dem Garvorgang 6 min außerhalb des Backofens stehen lassen. Das Tomaten-Topping darüber verteilen und servieren.

2 Trauben-Radicchio-Salat mit Palbohnen - Plätzchen

Zutaten

Für 8 Portionen

Plätzchen

2 Knoblauchzehe

500 g Palbohnen

3 Stiele Salbei

170 g Mehl

5 El Öl

1,5 Tl scharfes geräuchertes Paprikapulver

Salz, Fleur de sel

Salat

300 ml roter Traubensaft

4 El Rotweinessig

5 El Olivenöl

170 g kernlose Weintrauben

125 g Baby-Blattspinat

1-2 Radicchio, (300 g)

1-2 Fenchel, (400 g) und Salz, Pfeffer

Zeit

Arbeitszeit: 35 Min.

plus Garzeit 50 Minuten

Nährwert

Pro Portion 347 kcal

Kohlenhydrate: 36 g

Eiweiß: 16 g

Fett: 11 g

Schwierigkeit

So wird es gemacht

Knoblauch schälen und zerdrücken. Zusammen mit einem Salbeistiel und den Bohnen in einen Topf geben. Gut mit Salzwasser bedecken und bei geringer Hitzezufuhr ungefähr 25 - 28 min aufkochen lassen.

Den Traubensaft in einen kleinen Topf geben und bei starker Hitze bis auf 7 EL reduzieren. Danach mit Essig, etwas Pfeffer und Salz in eine Schüssel geben. Anschließend Olivenöl zufügen und alles miteinander verquirlen. Das fertige Dressing zur Seite stellen.

Die Weintrauben waschen und halbieren. Den Spinat ebenfalls, verlesen und anschließend trocken schleudern. Beim Radicchio den Strunk entfernen, putzen, danach in 4-6 Spalten schneiden und etwas aufblättern. Den Fenchel putzen und fein hobeln. Danach alles zur Seite stellen.

Bohnen abgießen und abtropfen lassen, dabei die Flüssigkeit auffangen. Knoblauch putzen, die Salbeiblättchen von den Stielen befreien und alles kleinschneiden. 300 ml Bohnenkochwasser mit 2 EL Palbohnen pürieren. Mehl, Salbei und eine Prise Salz zugeben und alles miteinander verrühren.

In einer beschichteten Pfanne 2 EL Öl erhitzen. 2 EL Bohnenteig in die Pfanne füllen und von beiden Seiten 3-4 min goldbraun backen. Auf einem Küchenpapier die fertigen Plätzchen ablegen, abtropfen lassen und im Backofen bei geringer Temperatur warmhalten. Mit dem restlichen Teig genauso verfahren, so dass insgesamt 16 Bohnenplätzchen entstehen. Nun das Paprikapulver mit 2 TL Fleur de sel mischen.

Den Fenchel mit etwas Salz würzen und kräftig kneten. Nun das Dressing mit Spinat, Radicchio, Fenchel und Trauben verrühren und zusammen mit den Bohnenplätzchen anrichten. Zum Schluss das Paprikasalz darüber streuen.

Zutateninfo: Alternativ zu den weißen Bohnenkernen (Palbohnen) können auch Bohnen aus der Dose genommen werden. Diese müssen allerdings nicht mehr gegart werden. Werden getrocknete Bohnen verwendet, ist ein Kochen nach der Packungsanweisung notwendig. Die Kochzeiten können dabei variieren.

3. Steinpilze Focaccia

Zutaten

Für 8 Portionen

Teig

500 g Mehl

Prise Salz

20 g frische Hefe und 3 El Olivenöl

Belag

1 Tl Koriandersaat

125 g stückige Tomaten

Fleur de sel, Pfeffer

450 g Steinpilze

175 g Zwiebeln

125 g Dicke-Bohnen-Kerne

125 g mittelgroße Rispentomaten

2 Zweig Rosmarin

12 El Rapsöl

45 g italienischer Hartkäse

1 Bund feine Rauke sowie 5 Stiele Basilikum

Zeit

Arbeitszeit: 45 Min.

+ Gehzeit 1:20 Stunden plus Backzeit ca. 20 Minuten

Nährwert

Pro Portion 438 kcal

Kohlenhydrate: 50 g

Eiweiß: 14 g

Fett: 17 g

Schwierigkeit

So wird es gemacht

In eine Schüssel das Salz und das Mehl geben, miteinander mischen und in der Mitte eine Mulde drücken. In die Mulde 300 ml lauwarmes Wasser und Hefe geben. Die Hefe etwas bröseln und auflösen lassen. Danach das Öl zugeben und alles mit einem Knethaken zu einem Teig verarbeiten. Auf einer bemehlten Arbeitsfläche den Teig nochmals für 8-10 min kneten und danach zu einer Kugel formen. Die Kugel mit etwas Mehl bestäuben und zugedeckt für etwa 55 bis 60 Minuten an einem warmen Ort gehen lassen.

Den Koriander groß zerstoßen und die Tomatenstücke zusammen mit dem Pfeffer und dem Fleur de sel würzen. Das Sugo zur Seite stellen. Zwiebeln schälen und in 1,5 cm große spalten schneiden. Die Steinpilze putzen und, je nach Größe, halbieren oder vierteln. Salzwasser zum Kochen bringen und darin die Bohnenkerne für 2 min garen. Danach das Wasser abgießen und die Kerne eiskalt abschrecken, um die Häute zu entfernen. Tomaten waschen, vierteln und die Kerne entfernen. Den Rosmarin von den Zweigen zupfen.

In einer beschichteten Pfanne 4 EL Rapsöl erhitzen. Bei mittlerer bis starker Hitze die Zwiebeln darin glasig andünsten. Den Rosmarin hinzufügen und kurz mitdünsten. Alles in eine Schale füllen. Nun die Bohnenkerne und die geviertelten Tomaten langsam unterheben und alles zur Seite stellen. Nun in der Pfanne das restliche Öl erhitzen, um darin die Pilze bei mittlerer bis starker Hitze goldbraun anzubraten. Die Pilze mit Pfeffer und Fleur de sel würzen und ebenfalls zur Seite stellen.

Die Arbeitsfläche leicht bemehlen und den Teig darauf halbieren und zu 2 Kugeln verarbeiten. Aus diesen Kugeln dicke Fladen von etwa 1 cm formen und nochmals 25 min abgedeckt gehen lassen.

Den Backofen auf 230 Grad Ober-/Unterhitze, Stufe 4-5 Gas oder 210 Grad Umluft vorheizen. Das Backblech mit Backpapier auslegen. Mit dem Tomatensugo den Teigfladen bestreichen, wobei ein 2 cm breiter Rand gelassen werden sollte. Auf dem Fladen Pilze und Gemüse verteilen und mit dem Käse bedecken. Fladen auf das Backblech legen und für 22-25 min auf der untersten Schiene backen.

In der Zeit die Rauke putzen, waschen und trocknen. Die Basilikumblätter vom Stiel zupfen. Das Focaccia nach der Zeit aus dem Backofen nehmen und mit Basilikum und Rauke bestreuen und direkt servieren.

4. Kürbis-Apfel- Suppe

Zutaten

Für 8 Portionen

Topping und Croûtons

225 g Rote Beten

3 Stiele Thymian

Zucker, Salz und Pfeffer

2 El Weißweinessig

2 El Olivenöl

3 Toastbrotscheiben

25 g frischer Ingwer

25 g Butter

3 Stiele Kerbel

Suppe

150 g Zwiebeln

600 g Hokkaido-Kürbis

3 El Öl

1 Tl Currypulver

450 ml Gemüsefond

Salz, Pfeffer

2 säuerlicher Apfel, (z. B. Granny Smith)

200 ml Schlagsahne

5 El Zitronensaft

Zeit

Arbeitszeit: 40 Min.

plus Ziehzeit 30 Minuten plus Garzeit ca. 30 Minuten

Nährwert

Pro Portion 236 kcal

Kohlenhydrate: 26 g

Eiweiß: 3 g

Fett: 12 g

Schwierigkeit

So wird es gemacht

Die rote Beete schälen und in dünne Scheiben schneiden, um sie später als Topping zu nehmen. Das gilt auch für die Thymianblätter, die von den Stielen getrennt und klein geschnitten werden müssen. Beides mit Olivenöl, Salz, Pfeffer, 1 TL Zucker und Essig mischen und gut miteinander vermischen. Die Masse etwa 30 min ziehen lassen. (Tipp: Wer keine roten Finger möchte, sollte Einweghandschuhe verwenden dafür!)
Zwiebeln schälen und kleinschneiden. Den Kürbis waschen, in zwei Hälften schneiden, die Kerne entfernen und anschließend in Stücke von 2-4 cm schneiden. In einem Topf das Öl erhitzen, die Zwiebeln glasig andünsten und mit Curry würzen. Den Kürbis hinzufügen und mit 500 ml Wasser und Gemüsefond auffüllen. Alles mit Pfeffer und Salz würzen und bei mittlerer Hitze für etwa 17-22 min köcheln lassen. In der Zwischenzeit den Apfel von der Schale befreien, halbieren, von den Kernen befreien und in Stücke schneiden. Die Apfelstücke nach etwa 8-9 min zur Suppe geben.
Die Rinde vom Toastbrot entfernen und würfeln. Den Ingwer schälen und ebenfalls würfeln. In einer kleinen Pfanne die Butter erhitzen und die Toastwürfel bei mittlerer Hitze etwa 3-5 min goldbraun anrösten. Nach etwa 2 min den Ingwer zufügen und nochmals kurz mitrösten. Auf einem Küchenpapier die Croûtons abtropfen lassen.
Zum Schluss die Sahne hinzufügen. Alles kurz aufkochen lassen, mit Zitronensaft und Salz abschmecken und fein pürieren. Nun die Kerbelblätter vom Stiel entfernen. Die Suppe auf tiefe Teller anrichten und mit Ingwer- Croûtons, Kerbel und Rote-Beete-Streifen dekorieren. Die heiße Suppe direkt servieren.

5. Tomaten- Bohnen -Quiches mit Minz-Tapenade

Zutaten

Für 6 Einheiten

Tapenade

125 g schwarze und grüne Oliven, (mit Stein)

1 rote Chilischote

1,5 Tl fein abgeriebene Bio-Zitronenschale

3 El Olivenöl

4 Stiele Pfefferminze

Quiches

325 g Dicke-Bohnen-Kerne, (aus ca. 1 kg Schoten)

175 g grüne Bohnen

125 g rote Kirschtomaten

125 g gelbe Kirschtomaten

8 Stiele Bohnenkraut

40 g geschälte Sesamsaat

100 g Butter und Salz

6 Blätter Filo- oder Strudelteig, (ca. 31x30 cm)

Eierguss

175 g cremiger Feta

125 ml Milch

4 Eier , (Kl. M)

Salz

Piment d'Espelette, (ersatzweise Cayennepfeffer)

Zeit

Arbeitszeit: 80 Min.

plus Backzeit 25 Minuten

Nährwert

Pro Einheit 559 kcal

Kohlenhydrate: 29 g

Eiweiß: 24 g

Fett: 35 g

Schwierigkeit

So wird es gemacht

Die Steine in den Tapenade Oliven entfernen und danach kleinhacken. Chili waschen, in der Länge leicht einschneiden, die Kerne entfernen und ebenfalls kleinhacken. Öl, Zitronenschale, Chili und Oliven miteinander vermischen. Die Minzblättchen von den Stielen befreien, kleinschneiden und hinzufügen.

Wasser zum Kochen bringen und die Bohnenkerne darin etwa 2 min garen. Anschließend das Wasser abgießen, die Bohnen abschrecken und die Haut entfernen. In kochendem Salzwasser die geputzten Bohnen etwa 5 min blanchieren. Das Wasser abgiessen und die Bohnen abschrecken und abtropfen lassen. Die Kirschtomaten abwaschen und halbieren.

In einer Pfanne fettfrei den Sesam goldbraun rösten, herausnehmen und mit dem Bohnenkraut vermischen. Nun die Butter in die Pfanne geben und zerlassen. Nun zu den Teigblättern. Das erste Teigblatt wird mit der Butter bestreichen und mit der Sesammischung dünn bestreuen. Das zweite Blatt darauf legen, bestreichen, bestreuen und den Vorgang mit den anderen Blättern wiederholen. Den fertigen Blätterstapel in vier Quadrate schneiden und jeweils in Förmchen stellen, die einen Durchmesser von 12 cm und einen herausnehmbaren Boden haben. Die Ecken sollten dabei überstehen. Die übriggebliebenen Blätter werden in der Hälfte durchgeschnitten und wie die anderen Blätter bearbeitet. Auch diese Blätterstapel in jeweils eine Form drücken.

Aus der Milch, den Eiern und dem Feta einen Eierguss zubereiten und mit Piment d´Espelette und Salz würzen. Den Eierguss zusammen mit den Bohnen, den Bohnenkernen und den Kirschtomaten in die Förmchen füllen. Die überstehenden Bohnenenden mit der übriggebliebenen Butter etwas bepinseln. Den Backofen auf 180 Grad Ober-/Unterhitze, 2-3 Gas oder 160 Grad Umluft vorheizen. Die Förmen mit den Quiches auf das Gitterrost setzen und für 15-20 min auf der untersten Schiene goldbraun backen. In der Zwischenzeit die Minzblätter von den Stielen befreien. Nach dem Backen die Quiches aus den Förmchen herausnehmen und mit der Tapenade und den Minzblättern servieren.

Tipp: Bitte darauf achten, dass die Teigquadrate so in die Förmchen gelegt wird, dass die Eiermilch nicht überlaufen kann beim Backen.

6. Caponata mit Basilikum und Kirschtomaten

Zutaten

Für 8 Portionen

35 g Sultaninen

2 Zwiebeln, (150 g)

2 Zucchini, (ca. 500 g)

1 Aubergine, (ca. 300 g)

200 g Staudensellerie

0,5 Tl getrockneter Oregano

Salz

6 El Olivenöl

3 Tl Puderzucker

35 g Pinienkerne

5 El passierte Tomaten,

7 El Rotweinessig

25 g feine Kapern,(z. B. Nonpareilles; abgetropft)

325 g Kirschtomaten

3 Stiele Basilikum

Zeit

Arbeitszeit: 30 Min.

plus Garzeit 20 Minuten plus Ziehzeit 1 Stunde

Nährwert

Pro Portion 187 kcal

Kohlenhydrate: 11 g

Eiweiß: 4 g

Fett: 13 g

Schwierigkeit

So wird es gemacht

100 ml Wasser zum Kochen bringen, die Sultaninen damit übergießen und zur Seite stellen. Zwiebeln schälen, in Viertel schneiden und nochmals quer halbieren. Die Zucchini und die Aubergine waschen, in der Länge in Viertel und anschließend in Würfel von 2 cm schneiden. Das gilt auch für den Sellerie, der erst geputzt und entfädelt werden muss. Das fertige Gemüse auf ein tiefes Backblech geben, 3 EL Öl hinzugeben, mit Salz und Oregano würzen und mit etwas Puderzucker bestäuben. Den Backofen auf 220 Grad Ober-/Unterhitze oder 3-4 Gas vorheizen und für etwa 10 Minuten garen. Alles einmal kräftig durchmischen und weitere 30 Minuten garen.

In der Zwischenzeit in einer Fett Pinienkerne fettfrei goldbraun anrösten und auf Teller verteilen. Das Essig, die passierten Tomaten, das restliche Olivenöl und die Kapern in eine Schüssel geben und mit Pfeffer und Salz würzen. Die eingeweichten Sultaninen ebenfalls hinzufügen. Die Marinade mit dem Gemüse in eine Schüssel geben, langsam mischen und etwa 30-50 min ziehen lassen.

Basilikumblätter von den Stielen befreien und kleinschneiden. Die Tomaten waschen und einmal teilen. Beides zu dem Gemüse geben. Oben auf mit Pinienkernen bestreuen und eventuell dazu Fenchelpfeffer-Polenta (s. Rezept: Fenchel-Pfeffer-Polenta) servieren.

7. Polenta mit Pfeffer-Fenchel

Zutaten

Für 8 Portionen

1 EL Fenchelsaat

1,5 Tl schwarze Pfefferkörner

Salz

225 g Polenta,(Maisgrieß)

450 ml Gemüsebrühe

350 ml Milch

50 g alter Pecorino, (frisch gerieben)

5 El Öl

Zeit

Arbeitszeit: 30 Min.

plus Garzeit 22 Minuten plus Ziehzeit 1 Stunde

Nährwert

Pro Portion 175 kcal

Kohlenhydrate: 20 g

Eiweiß: 6 g

Fett: 7 g

Schwierigkeit

So wird es gemacht

Pfeffer und Fenchel fein zerstoßen. Salz und Maisgrieß hinzufügen. Milch und Brühe in einen Topf geben und zusammen mit der Grießmischung kurz aufkochen lassen. Bei geringer Hitzezufuhr die Polenta häufig umrühren und anschließend etwa 10-12 min quellen lassen.

Den Käse hinzufügen und unterrühren. Die Polenta in eine etwa 24 cm Ø Schüssel füllen und über Nacht auskühlen lassen.

Die Polenta am nächsten Tag auf einem Brettchen stürzen und daraus etwa 14 Stücke schneiden. In einer Pfanne Öl erhitzen und die einzelnen Stücke darin goldbraun anbraten. Am besten mit Caponata (s. Rezept: Caponata mit Kirschtomaten und Basilikum) servieren.

8. Vitello tonnato

Zutaten

Für 4 Portionen

Fleisch

600 g Kalbstafelspitz

Salz, Pfeffer

3 El Öl

25 g Butter

Sauce

2 Bio-Ei, (Kl. M)

1,5 Tl mittelscharfer Senf

1,5 Tl Zitronensaft

100 ml Maiskeimöl

80 ml Olivenöl

175 g Thunfisch, (in Öl; Abtropfgewicht 140 g)

3 Sardellenfilets, (in Öl)

5 El Kalbsfond und 50 g Kapernäpfel

Außerdem

Alufolie

Zeit

Arbeitszeit: 50-60 Min.

Nährwert

Pro Portion 770 kcal

Kohlenhydrate: 1 g

Eiweiß: 57 g und Fett: 58 g

Schwierigkeit

So wird es gemacht

Fleisch rundherum vom Fett befreien und mit Salz und Pfeffer würzen. In einer Pfanne Öl und Butter erhitzen und bei mittlerer Hitze das Fleisch darin hellbraun anbraten. Den Backofen auf 140 Grad Ober-/Unterhitze, 1 Gas oder 130 Grad Umluft etwa 18-22 min und das Fleisch darin weiter garen. Anschließend den Tafelspitze herausnehmen, in Alufolie einwickeln und zum Abkühlen beiseitestellen.

Aus Maiskeim- und Olivenöl, Senf, Zitronensaft und Ei eine dicklich-cremige Mayonnaise herstellen. Thunfisch und Sardellen abgießen und abtropfen lassen. Zu der Mischung etwas Kalbsfond geben, bis sich die Konsistenz etwas verflüssigt hat. Die Sauce mit Pfeffer und Salz würzen.

Das Kalbfleisch in dünne Scheiben schneiden und auf Tellern verteilen. Die Thunfischsauce darüber geben und mit den Kapernäpfeln garnieren. Das Gericht direkt servieren.

9. Artischocken gefüllte mit Pecorino und Bohnen

Zutaten

Für 4 Portionen

Saft von 2 Bio-Zitronen

4 Artischocken, (à ca. 300 g)

Salz, Pfeffer

350 Wermut, (z. B. Noilly Prat)

1 Knoblauchzehen, (angedrückt)

1 frisches Lorbeerblatt

8 Stiele Minze, (15 g)

12 Stiele glatte Petersilie, (30 g)

60 g Pecorino, (fein gerieben)

8 El Olivenöl

4-6 Scheiben Weißbrot

1.0 kg dicke Bohnen, (200–250 g gepalte Bohnenkerne)

2 El Weißweinessig

3 Stiele Basilikum

Außerdem

Küchenpapier

Pecorino zum Bestreuen

Zeit

Arbeitszeit: 40-50 Min.

plus Garzeit 60 Min.

Nährwert

Pro Portion 475 kcal

Kohlenhydrate: 25 g

Eiweiß: 18 g

Fett: 33 g

Schwierigkeit

So wird es gemacht

Ungefähr 2 l kaltes Wasser mit dem Zitronensaft mischen. Die Artischocken abwaschen, Stiele entfernen und die Artischockenspitzen abschneiden. Die äußeren Blätter dabei großzügig entfernen. Das Innere mit einem Löffel aushöhlen. Die Artischocken direkt in das Zitronenwasser legen. In einem Topf den Knoblauch, den Wermut, die Lorbeerblätter und das Salzwasser zum Kochen bringen. Darin die

Artischocken bei mittlerer Hitzezufuhr etwa 20-25 garen.

In der Zwischenzeit die Petersilie und die Minzblätter von den Stielen befreien und kleinscheiden. 3 EL Öl und den Käse in eine Schüssel geben und mit Pfeffer und Salz abschmecken.

Die Artischocken auf einem Küchenpapier abtropfen lassen und mit 2-4 EL der Kräutermischung füllen. Dabei die Füllung fest andrücken. Eine Auflaufform mit dem 3 EL Öl einfetten und das Weißbrot darin verteilen. Auf die Brotscheiben die Artischocken legen, dabei darauf achten, dass die Öffnung unten ist. Den Backofen auf 180 Grad Ober-/Unterhitze oder 2-3 Gas vorheizen, die Auflaufform hineinstellen und für etwa 15 min garen.

Salzwasser in einem Topf zum Kochen bringen. Die Bohnenkerne aus der Schale nehmen und im Salzwasser 3-5 min kochen. Danach abgießen, abschrecken und abtropfen lassen, um anschließend die Haut von den Bohnenkernen zu ziehen. Das restliche Öl mit Essig in eine Schüssel geben, verrühren und mit Pfeffer und Salz würzen.

Die Blätter vom Basilikum von den Stielen befreien und unter den Bohnensalat geben. Pecorino grob reiben und vor dem Servieren den Salat damit garnieren. Die Artischocken zusammen mit dem Bohnensalat und dem Brot servieren.

10. Gemüse-Antipasti

Zutaten

Für 4 Portionen

3 rote Paprikaschoten

4 gelbe Paprikaschoten

1 mittelgroße Zucchini (300 g)

1 Aubergine (200 g)

12 El Olivenöl

Salz

Pfeffer

4 El alter Aceto balsamico di Modena

Zucker

1 Bund Rauke

2 Stiele Basilikum

3 vollreife Tomaten

1 Tl kleine Kapern (Nonpareilles); abgetropft

Außerdem

Küchentuch

Zeit

Arbeitszeit: 40-45 Min.

Nährwert

Pro Portion 340 kcal

Kohlenhydrate: 11 g

Eiweiß: 4 g

Fett: 30 g

Schwierigkeit

So wird es gemacht

Die Paprika waschen, in Viertel schneiden und die Kerne entfernen. Mit der offenen Seite auf ein Backblech legen und für 8-10 im Backofen grillen, bis auf der Haut schwarze Blasen zu sehen sind. Aus dem Ofen nehmen und etwa 8-10 min abkühlen lassen. Dabei mit einem feuchten Tuch abdecken. Nun die Haut der Paprika abziehen, die Viertel nochmals halbieren und wieder auf das Backblech legen.

Zucchini und Aubergine waschen und in dünne Scheiben von 3-5 mm schneiden. In einer Pfanne 3 EL Öl erhitzen und darin die Zucchini 5-6 anbraten. Die Paprika hinzufügen und mit Pfeffer und Salz abschmecken. In einer weiteren Pfanne 2-3 EL

Olivenöl erhitzen, die Hälfte der Auberginen dazu geben, mit Pfeffer und Salz würzen und für 5-6 min hellbraun anbraten. Die Auberginen zu den Paprika geben. Die andere Hälfte der Auberginen genauso zubereiten.

Pfeffer, Salz und 1 Prise Zucker mit dem Balsamico sowie dem restlichen Olivenöl verrühren. Die Rauken waschen, abtropfen lassen und in kleine Stücke schneiden. Die Tomaten nach dem Waschen in dünne Scheiben schneiden. Die Basilikumblätter klein zupfen.

Die Auberginen, die Paprika und die Zucchini mit der Rauke, den Tomaten, den Kapern und dem Basilikum in eine Schüssel geben und mit der Vinaigrette gut vermischen. Auf einer Platte oder kleinen Tellern anrichten. Sehr gut dazu passen Salbei-Schnitzel, Frischkäsebällchen, gegrilltes Fischfilet oder einfach geröstetes Brot.

Bruschette

11. Zweigeteiltes Bruschetta

Zutaten

Für 6 Einheiten

1,5 rote Paprikaschote

1,5 gelbe Paprikaschote

10 Scheiben Ciabatta, (à ca. 1 1⁄2 cm Dicke)

8 El Olivenöl sowie 2 El Balsamico-Essig

1 Knoblauchzehen

100 g Ziegenkäse, Taler

75 g Rauke

grobes Salz, Pfeffer und eine Prise Zucker

1 Dose Thunfisch, (Bio-Qualität, 190 g Füllmenge)

1,5 Bund glatte Petersilie

1 Tl Kapern und 2 Schalotte

Zeit

Arbeitszeit: 40-50 Min.

Schwierigkeit

So wird es gemacht

Den Backofen auf 250 Grad, Stufe Grill, vorheizen. Die Paprika waschen, vierteln und die Kerne entfernen. Mit der offenen Seite nach unten auf ein Backblech legen und auf der oberen Schiene etwa 6-8 min rösten, bis eine schwarze Hautschicht entsteht. Die Paprika herausnehmen, mit einem feuchten Tuch abdecken und auskühlen lassen.

Nun den Backofen auf 200 Grad Ober-/Unterhitze oder 180 Grad Umluft umschalten. Das Ciabatte auf einem Blech gleichmäßig verteilen, mit 4 EL Olivenöl bestreichen und auf der mittleren Schiene etwa 8-10 min rösten. Die Knoblauchzehen schälen und halbieren und die Brotscheiben leicht damit einreiben.

Die Haut der Paprika abziehen und in kleine Stücke schneiden. Den Frischkäse in grobe Stücke zerkrümeln. Die Rauke waschen und trockenschleudern. Alles in eine Schüssel geben und miteinander vermischen. Die Mischung auf die Brotscheiben verteilen und nochmals mit 2 EL Olivenöl beträufeln. Abschließend alles etwas mit Pfeffer und Salz bestreuen.

Den Thunfisch in einem Sieb abtropfen lassen und grob zerkleinern. Den Knoblauch und die Kapern kleinschneiden. Die Schalotten in kleine Würfel schneiden und mit den Kapern und dem Knoblauch sowie 1 EL Öl in einer Pfanne leicht andünsten. Petersilie von den Stängeln befreien und kleinhacken. Alles zusammen mischen und auf die Brotscheiben verteilen. Das restliche Olivenöl, eine Prise Salz, Balsamico, Pfeffer und Zucker verrühren und über die Thunfischbrote geben. Auf kleinen Tellern servieren.

12. Pizza Bruschetta

Zutaten

Für 2 Portionen

60 g schwarze Oliven

275 g Weizenmehl

Prise Salz

1 Würfel frische Hefe

Prise Zucker

6 El Olivenöl

375 g Datteltomaten

1 Knoblauchzehe

Pfeffer

3 El Aceto balsamico

1,5 Kugel Mozzarella

2 Stiele Basilikum

Zeit

Arbeitszeit: 35-40 Min.

Gehzeiten

Nährwert

Pro Portion 986 kcal

Kohlenhydrate: 99 g

Eiweiß: 28 g

Fett: 51 g

Schwierigkeit

So wird es gemacht

Prise Salz und Mehl in eine Schüssel geben, vermischen und eine Mulde bilden. 150 ml lauwarmes Wasser mit einer Prise Zucker und der Hefe verrühren und in die Mulde gießen. Alles mit einem Knethaken zu einem glatten Teig verarbeiten. Die Oliven abwaschen, entkernen und kleinschneiden. Zusammen mit 1 EL Öl zu dem Teig geben und nochmals gut verkneten.

Eine Arbeitsfläche leicht bemehlen und den Teig kräftig durchkneten. Zu einer Kugel formen und an einem warmen Ort etwa 25-30 min abgedeckt gehen lassen.

Tomaten waschen und in kleine Stücke schneiden. Knoblauch schälen und feinhacken. Zusammen mit Essig, 1 Prise Zucker, 3 EL Öl sowie Salz und Pfeffer zu einer Marinade verrühren. Den Mozzarella würfen.

Die Teigkugeln halbieren und zu ovalen Fladen mit einer Dicke von 1,5 cm ausrollen. Ein Backblech mit Backpapier auskleiden, die Fladen darauf legen und nochmals etwa 10-12 min zugedeckt gehen lassen. Den Backofen auf 240 Grad Ober-/Unterhitze vorheizen, den Teig mit etwas Olivenöl beträufeln und für etwa 15-18 min backen.

Basilikumblätter von den Stielen befreien und grob zerrupfen. Die Tomaten mit dem Mozzarella mischen und auf die Fladen geben. Die fertige Bruschetta Pizza noch warm servieren.

13. Bruschetta mit Kürbis mit Birnen

Zutaten

Für 4 Portionen

250 g Hokkaido-Kürbis

2 feste, reife Birne

50 g Rauke

4 El Olivenöl

4 Scheiben Bauernbrot, (à ca. 40 g)

3 El Olivenöl

Salz, Pfeffer

75 g Gorgonzola

Olivenöl

Zeit

Arbeitszeit: 20-25 Min.

Nährwert

Pro Portion 326 kcal

Kohlenhydrate: 28 g

Eiweiß: 7 g

Fett: 20 g

Schwierigkeit

So wird es gemacht

Den Hokkaido-Kürbis aushöhlen, in 1,5 cm breite Scheiben schneiden und anschließend würfeln. Die Birne abwaschen, in Viertel schneiden und ebenfalls würfeln. Die Rauken waschen und trockenschleudern.

In einer beschichteten Pfanne 3 EL Olivenöl erhitzen. Das Bauernbrot halbieren und bei mittlerer Hitze in der Pfanne beidseitig goldbraun rösten. Danach auf einem Küchengitter zum Abkühlen legen.

In der Pfanne das restliche Olivenöl erhitzen und mit mittlerer Hitze den Kürbis unter ständigem Wenden etwa 4-6 andünsten. Die gewürfelten Birnenstücke zufügen und nochmals 4 min garen. Den Gorgonzola in kleine Würfel schneiden, unterheben und mit Pfeffer und Salz würzen. Die Rauke grob schneiden und mit der Kürbismischung auf den Broten verteilen. Mit ein wenig Öl beträufeln und servieren.

14. Paprika-Bruschetta

Zutaten

Für 4 Portionen

4 rote Spitzpaprika

225 g Baguette

5 El Olivenöl

1 Knoblauchzehe

Prise Salz

2-3 Kugeln Büffelmozzarella

Pfeffer

Basilikumblatt

Zeit

Arbeitszeit: 25-30 Min.

Nährwert

Pro Portion 409 kcal

Kohlenhydrate: 31 g

Eiweiß: 16 g

Fett: 24 g

Schwierigkeit

So wird es gemacht

Die Paprika waschen, entkernen und in dünne Scheiben schneiden.

Das Baguette in 12-15 dünne Scheiben schneiden und mit 2 EL Olivenöl bestreichen. Eine Pfanne bei mittlerer Hitze erwärmen und darin die Baguettescheiben hellbraun anrösten. Die Knoblauchzehe schälen, halbieren die Brotscheiben damit einreiben.

In einer Pfanne 1 EL Olivenöl erwärmen und darin die Paprika leicht andünsten. Mit Salz würzen und nochmals etwa 3-5 min dünsten. Den Mozzarella abtropfen lassen, trocknen und in dünne Scheiben schneiden.

Mozzarella und Paprika auf den Baguettescheiben verteilen, mit 2 EL Öl beträufeln und mit Pfeffer würzen. Vor dem Servieren mit den Basilikumblättern dekorieren.

15. Pilz-Bruschetta

Zutaten

Für 2 Portionen

125 g Baguette

3 El Olivenöl

1-2 Knoblauchzehe

175 g Champignons

2 El Öl

Salz, Pfeffer

1 TL Spritzer Zitronensaft

3 Stiele Thymian

100 g Ricotta

Zeit

Arbeitszeit: 25-30 Min.

Nährwert

Pro Portion 516 kcal

Kohlenhydrate: 44 g

Eiweiß: 13 g

Fett: 31 g

Schwierigkeit

So wird es gemacht

Den Backofen auf 200 Grad Ober-/Unterhitze vorheizen. Das Baguette in 6-8 Scheiben mit einer Dicke von 1,5 cm schneiden und mit 1 EL Olivenöl bestreichen. Die Scheiben auf ein mit Backpapier ausgelegtem Backblech legen und etwa 10 min auf mittlerer Schiene goldbraun anrösten.

Die Knoblauchzehe schälen, halben und die Baguettescheiben damit einreiben.

Die Champignons putzen und in dünne Scheiben schneiden. 3 EL Öl in einer Pfanne erhitzen und die Champignons darin etwa 2-4 min hellbraun andünsten. Thymianblätter von den Stielen befreien und zusammen mit Pfeffer, Salz und 1 Spritzer Zitronensaft dazugeben.

Die gerösteten Baguettescheiben mit dem Ricotta bestreichen, die Champignons darauf verteilen und alles mit etwas Meersalz bestreuen. Noch warm servieren.

16. Bruschetta

Zutaten

Für 4 Portionen

1 Knoblauchzehen

4 El Olivenöl

Salz

Pfeffer

4-5 Brötchen zum Aufbacken

350 g reife Tomaten

1 Bund Basilikum

125 g Thunfisch (Dose, im eigenen Saft)

1 EL fein abgeriebene Zitronenschale (unbehandelt)

Zeit

Arbeitszeit: 20-25 Min.

Nährwert

Pro Portion 220 kcal

Kohlenhydrate: 25 g

Eiweiß: 10 g

Fett: 8 g

Schwierigkeit

So wird es gemacht

Die Brötchen in der Hälfte durchschneiden und auf ein mit Backpapier ausgelegtes Backblech legen. Den Knoblauch schälen, kleinhacken und mit Pfeffer, Salz und 2 EL Olivenöl mischen. Die Brötchenhälften mit dem Knoblauchöl bestreichen. Tomaten waschen und grob würfeln. Basilikumblätter von den Stielen befreien und kleinschneiden. Thunfisch abtropfen lassen und auseinander zupfen.

Den Backofen auf 200 Grad Ober-/Unterhitze, 3 Gas oder 180 Grad Umluft vorheizen und die Brötchen darin etwa 12-15 min goldbraun backen. Das Olivenöl mit dem Abrieb der Zitronenschale, dem Salz und Pfeffer sowie den Tomaten und dem Basilikum vermischen. Den Thunfisch unterheben.

Die Tomatenmischung gleichmäßig auf die gebackenen Brötchen verteilen und noch warm servieren.

17. Bruschetta mit Mozzarella und Avocado

Zutaten

Für 8 Portionen

1-2 Baguette, (ca. 175 g)

5 El Olivenöl

1 Knoblauchzehen

1 reife Avocado, (ca. 200 g)

Salz

Pfeffer

Zucker

3 El Zitronensaft

325 g Büffelmozzarella

3 Stiele Basilikum

1 Tl geräuchertes Paprikapulver, (Pimentòn ahumado)

Fleur de sel

Zeit

Arbeitszeit: 15-20 Min.

Nährwert

Pro Portion 244 kcal

Kohlenhydrate: 12 g

Eiweiß: 8 g

Fett: 17 g

Schwierigkeit

So wird es gemacht

In einer Pfanne 4 EL Olivenöl erhitzen. Das Baguette in 8-10 dicke Scheiben mit einer Dicke von 2 cm schneiden und im Öl portionsweise goldbraun anrösten. Die Knoblauchzehe schälen und die gerösteten Baguettescheiben damit einreiben.

Die Avocado schälen, halbieren, den Kern entfernen, das Fruchtfleisch herauslösen und zerdrücken. Nun mit dem Zitronensaft, 1 Prise Zucker, Pfeffer und Salz würzen. Den Mozzarella abtropfen lassen und in dünne Scheiben schneiden. Die Basilikumblätter von den Stielen befreien und grob zerhacken.

Nun die Baguettescheiben mit der Avocadomasse bestreichen und mit den Mozzarellascheiben und dem Basilikum belegen. Das restliche Olivenöl drüber träufeln mit leicht mit Fleur de sel, Pfeffer und Paprikapulver würzen. Noch warm servieren.

18. Tomaten- Mozzarella-Bruschetta

Zutaten

Für 2 Portionen

150 g Büffel-Mozzarella

1,5 El Pinienkerne

3 getrocknete Tomaten (in Öl)

1 Stiel Basilikum

3 El fein geriebener Parmesan

Salz

Pfeffer

2 El Olivenöl

2 El Öl

4-6 Scheiben helles Bauernbrot

0.5 Knoblauchzehe

Zeit

Arbeitszeit: 15-20 Min.

Nährwert

Pro Portion 505 kcal

Kohlenhydrate: 41 g

Eiweiß: 19 g

Fett: 28 g

Schwierigkeit

So wird es gemacht

Den Mozzarella abtropfen lassen und in kleine Würfel schneiden. In einer Pfanne die Pinienkerne fettfrei hellbraun rösten und anschließend kleinhacken. Die Tomaten waschen, fein würfeln und mit dem Mozzarella und den Pinienkernen vermischen.

Die Basilikumblätter von den Stiefeln befreien und kleinschneiden. Zusammen mit dem Parmesan, dem Olivenöl und dem Mozzarella mischen und mit Pfeffer und Salz würzen.

In einer Pfanne etwas Öl erhitzen und bei mittlerer Hitze das Brot knusprig anrösten. Die Knoblauchzehe schälen und das Brot damit einreiben. Anschließen die Mozzarella Mischung gleichmäßig darauf verteilen.

Tipp: Alternativ können Sie das Öl von getrockneten Tomaten verwenden, um dem Mozzarella eine noch würzigere Note zu verleihen.

19. Knoblauch- Pilz-Bruschetta

Zutaten

Für 8 Portionen

200 g Baguette

2 kleine Knoblauchzehe

450 g kleine Steinpilze

3 El Olivenöl

1 Zweige Rosmarin

2 TL Zitronensaft

1 Tl abgeriebene Zitronenschale (unbehandelt)

Salz

Pfeffer

Zeit

Arbeitszeit: 35-40 Min.

Nährwert

Pro Portion 83 kcal

Kohlenhydrate: 10 g

Eiweiß: 3 g

Fett: 3 g

Schwierigkeit

So wird es gemacht

Den Backofen auf 210 Grad Ober-/Unterhitze oder 190 Grad Umluft vorheizen. Das Baguette in 8-10 Scheiben schneiden, auf ein mit Backpapier ausgelegtes Backblech legen und auf der mittleren Schiene goldbraun anrösten. Die Knoblauchzehe schälen, halbieren und die Scheiben damit einreiben. Den übriggebliebenen Knoblauch kleinhacken.

In einer Pfanne Olivenöl erhitzen. Steinpilze putzen, vierteln und in die Pfanne geben. Ungefähr 20-40 Sek. Bei starker Hitze andünsten. Rosmarin und den Knoblauch hinzufügen und alles für etwa 30-40 Sek. garen.

Den Zitronensaft zugeben und alles mit Pfeffer, Salz und dem Abrieb einer Zitronenschale würzen. Die Brotscheiben mit den Pilzen belegen.

20. Bruschetta mit Sellerie und Bohnen

Zutaten

Für 4 Portionen

300 g dicke Bohnenkerne

Prise Salz

125 g heller Staudensellerie

80 g Manchego

5 El kaltgepresstes Olivenöl

2 Tl Zitronensaft

grobes Meersalz

8-10 Ciabatta-Scheiben

Schnittlauchröllchen zum Bestreuen

Zeit

Arbeitszeit: 30-35 Min.

Nährwert

Pro Portion 389 kcal

Kohlenhydrate: 28 g

Eiweiß: 23 g

Fett: 21 g

Schwierigkeit

So wird es gemacht

Salzwasser in einen Topf geben und zum Kochen bringen. Bohnenkerne hineingeben und etwa 4 min köcheln lassen. Das Wasser abgießen, die Bohnen abschrecken, die Haut abziehen und die Kerne in eine Schüssel geben.

Den Staudensellerie entfädeln und fein hobeln. Manchego entweder reiben oder hobeln und mit den Bohnen mischen. Die Mischung mit Zitronensaft, Meersalz und 4 EL Olivenöl verrühren.

Den Backofengrill vorheizen und die Ciabatte-Scheiben auf ein mit Backpapier ausgelegtes Backblech legen. Die Scheiben mit dem restlichen Olivenöl bestreichen und 2-4 min auf mittlerer Schiene anrösten. Nach der Hälfte der Zeit einmal wenden.

Auf den gerösteten Brotscheiben die Bohnen gleichmäßig verteilen und mit den Schnittlauchröllchen garnieren. Noch warm servieren.

Lasagne

21. Altbewährte Lasagne mit Grundrezepte Bechamel

Zutaten

Für 4 Portionen

3 Zwiebeln

2 Knoblauchzehe

4 El Öl

500 g Hackfleisch halb und halb

150 ml Rotwein

2 Dosen geschälte Tomaten (in Stücken), (à 425 g EW)

Salz, Pfeffer und Zucker

1 El getrockneter Oregano

1 Pk. Béchamelsauce, (250 ml)

6 El Milch

300 g Mozzarella

75 g Parmesan

8-10 Lasagneblätter, (ohne Vorkochen)

Zeit

Arbeitszeit: 75-80 Min.

Nährwert

Pro Portion 855 kcal

Kohlenhydrate: 30 g, Eiweiß: 46 g und Fett: 60 g

Schwierigkeit

So wird es gemacht

Zwiebeln und Knoblauch schälen und in kleine Würfel schneiden. In einem Topf 2 EL Öl erwärmen und darin das Hackfleisch krümelig anbraten. Den Knoblauch und die Zwiebeln hinzufügen, etwa 2-4 min dünsten lassen und mit dem Rotwein ablöschen. Die Tomaten sowie Oregano, eine Prise Zucker, Pfeffer und Salz zugeben und alles kurz aufkochen lassen. Die Mischung zur Seite stellen.

Béchamelsauce Grundrezept

Zutaten

Für 4 Portionen

500 ml Milch

1 Zwiebel

1 Lorbeerblatt

2 ganze Gewürznelken

35 g Butter

35 g Mehl

Salz, Pfeffer

Muskat

Zeit

Arbeitszeit: 25 Min.

Nährwert

Pro Portion 162 kcal

Kohlenhydrate: 11 g

Eiweiß: 5 g

Fett: 10 g

Schwierigkeit

So wird es gemacht

Zwiebel mit Lorbeer Nelken und spicken. Milch mit der gespickten Zwiebel auf köcheln und neben der Kochstelle 12 Min. ziehen lassen. Zwiebel aus der Milch nehmen.

Butter in einem Topf schmelzen. Mehl zugeben und unter Rühren mit einem Schneebesen kurz anschwitzen.

Milch unter dauerndem Rühren nach und nach zugießen, aufkochen und bei milder wärme 11-16 Min. köcheln. Ab und an rühren.

Béchamelsauce mit Pfeffer, Salz und frisch geriebener Muskatnuss verfeinern.

Die Sauce sollte cremig-dicklich sein. Bei Klümpchen, einfach durch ein feines Sieb streichen.

Die Sauce lässt sich vorbereiten. Abgekühlte Sauce unter Rühren erwärmen und eventuell mit etwas Milch verdünnen.

So geht es mit der Lasagne weiter

Milch mit der Béchamelsauce verrühren. Den Mozzarella abtropfen lassen und in kleine Würfel schneiden. Den Parmesan fein reiben.

Eine Auflaufform mit dem restlichen Öl einfetten und die 4 EL der Hackfleischsauce darin verteilen. 2 Lasagneblätter darauf legen, mit 1/4 Hacksauce und 1/4 Bechamelsauce bestreichen. Parmesan und Mozzarella gleichmäßig auf der Schicht verteilen. Die restlichen Zutaten ebenfalls schichtweise einbringen.

Den Backofen auf 190 min Ober-/Unterhitze vorheizen. Die Auflaufform auf die mittlere Schiene stellen und das Gericht ca. 25-30 min goldbraun backen.

22. Spinat-Lachs- Lasagne

Zutaten

Für 6 Portionen

500 g TK-Blattspinat

Salz, Pfeffer

500 g Lachsfilets, (TK-Lachs vorher auftauen lassen)

3 El Zitronensaft

65 g Butter

45 g Mehl

450 ml Gemüsebrühe

300 ml Schlagsahne

2 Tl Tafelmeerrettich

15 Lasagne-Blätter

125 g Räucherlachs, (in Scheiben)

75 g geriebener Gouda

Zeit

Arbeitszeit: 55-60 Min.

Nährwert

Pro Portion 630 kcal

Kohlenhydrate: 38 g

Eiweiß: 35 g

Fett: 36 g

Schwierigkeit

So wird es gemacht

Den tiefgefrorenen Spinat laut Packungsanleitung auftauen, ausdrücken und mit Pfeffer und Salz abschmecken. Den Lachs mit Pfeffer und Salz würzen und mit 2 EL Zitronensaft beträufeln. Für etwa 8-10 marinieren lassen.

In einer Pfanne die Butter auslassen und das Mehl unter ständigem Rühren darin anschwitzen. Mit der Sahne und der Brühe ablöschen und unter Rühren etwa 8-10 min mit offenem Deckel bei mittlerer Hitze köcheln lassen. Dabei sollte mehrfach umgerührt werden. Zum Schluss die Sauce mit 2 EL Zitronensaft, Pfeffer und Salz abschmecken und den Meerrettich langsam unterheben.

In eine 30 x 20 cm große Auflaufform etwas Sauce geben und 4 Lasagne-Blätter darauf verteilen. Die Blätter mit der Hälfte des Spinats und der Sauce bedecken. 4 weitere Lasagneblätter darauf legen. Nun das Lachsfilet auf die Blätter legen und mit der Sauce bedecken. Nochmals 4 Lasagneblätter aufschichten und mit dem Räucherlachs, dem übrigen Spinat und der Sauce gut bedecken. Mit den letzten Lasagneblätter abschließen und nochmals Sauce darüber geben. Zum Abschluss die Lasagne mit einer Schicht Gouda bestreuen.

Den Backofen auf 200 Grad Ober-/Unterhitze oder 180 Grad Umluft vorheizen. Die Auflaufform etwa 30-35 min auf der mittleren Schiene überbacken. Kurz abkühlen lassen und dann noch warm servieren.

Tipp: Um einen intensiveren Geschmack zu erhalten, die fertige Lasagne für einige Stunden oder über Nacht in den Kühlschrank stellen. Erst 30 min vor dem Backen herausnehmen und die Backzeit um etwa 10-15 in verlängern. Damit die obere Schicht nicht zu dunkel wird, kurz vor dem Backende mit Alufolie abdecken.

23. Lasagne mit Bolognese

Zutaten

Für 4 Portionen

Nudelteig

550 g Mehl, (gesiebt) und Mehl zum Bearbeiten

6 Eier , (Kl. M)

Salz

3 El Olivenöl

Außerdem

Klarsichtfolie, Nudelmaschine, feiner Nudelgries zum Bearbeiten (Semola rimacinata di grano duro)

Béchamelsauce

75 g Butter

75 g Mehl

600 ml Milch

2 frische Lorbeerblätter

Salz

Muskat

75 g Parmesan

Bolognese

250 g Zwiebeln

150 g Bundmöhren

175 g Staudensellerie

2 geschälte Tomaten

6 El Olivenöl

600 g gemischtes Hackfleisch

Salz, Pfeffer und Zucker

2 El Tomatenmark

250 ml Rotwein

75 ml Milch

2 Lorbeerblätter

3 Stiele glatte Petersilie

10-12 Lasagneblätter

25 g Butter

75 g Parmesan, (fein gerieben)

Zeit

Arbeitszeit: 90-100 Min.

Ruhezeit 1 Stunde

Nährwert

Pro Portion 1062 kcal

Kohlenhydrate: 60 g

Eiweiß: 48 g und Fett: 67 g

Schwierigkeit

So wird es gemacht

1 EL kaltes Wasser, 1 Prise Salz, Mehl, Öl und Eier zu einem festen Teig verarbeiten. Auf einer bemehlten Arbeitsfläche etwa 5-10 min gut durchkneten. Nun mit ein wenig Grieß bestreuen, in eine Klarsichtfolie wickeln und für 60 min beiseite stellen. Den Teig in 4 Hälften teilen und je ein Viertel mit einem Nudelholz flach ausrollen. Mit Hilfe einer Nudelmaschine die Teigplatten mehrmals von Stufe 1 bis 5 drehen und anschließend auf der bemehlten Arbeitsfläche in Platten von 8-10 cm schneiden. Die restlichen Teigplatten ebenso verarbeiten. Salzwasser zum Kochen bringen und die Lasagneplatten etwa 20-30 Sek. darin vorgaren. Herausnehmen, abschrecken und zwischen nassen Küchenhandtüchern legen und auskühlen lassen.

In einem kleinen Topf bei schwacher Hitze die Butter zerlassen. Das Mehl durch ein Sieb sieben, unter die Butter rühren und mit Milch auffüllen. Dabei ständig umrühren. Lorbeerblatt hinzufügen und alles bei schwacher Hitzezufuhr etwa 15-20 min köcheln lassen. Das Lorbeerblatt herausnehmen, den Parmesan unterrühren und alles mit Muskat und Salz würzen.

Zwiebeln und Möhren schälen und kleinschneiden. Sellerie waschen, entfädeln und ebenfalls in kleine Stücke schneiden. Das Grün zur Seite legen. In einem großen Topf etwas Öl erhitzen und bei mittlerer Hitzezufuhr die Zwiebeln etwa 4-5 min glasig andünsten. Sellerie und Möhren zugeben und nochmals 5-7 min dünsten lassen. Die Hitze erhöhen, das Hackfleisch zugeben, mit Pfeffer und Salz würzen und etwa 4-5 gut durchbraten. Nach etwa 25-30 Sek. mit dem Rotwein ablöschen, das Tomatenmark zufügen und alles gut einkochen lassen.

Tomaten in kleine Stücke schneiden und mit den Lorbeerblättern und der Milch hinzufügen. Mit 1 Prise Zucker und etwas Salz würzen und ohne Deckel etwa 60-80 min garen. Petersilie von den Stielen trennen, das Selleriegrün kleinhacken und beides unter die Bolognese mischen. Die Lorbeerblätter herausnehmen.

Eine etwa 20 x 20 cm große Auflaufform mit 1 TL Butter einfetten. Den Boden mit ein wenig Béchamelsauce bestreichen und die Lasagneplatten mit der Bolognese und etwa 30-40 g Parmesan zugeben. Den Vorgang wiederholen, bis die Platten aufgebraucht sind. Als letzte Schicht etwas Béchamelsauce und flockenweise Butter darauf verteilen. Den Backofen auf 140 Grad Ober-

/Unterhitze oder Stufe 1 Gas vorheizen, die Auflaufform hineinstellen und auf mittlerer Schiene etwa 25-30 min backen. Den restlichen Parmesan auf die Lasagne geben, die Temperatur auf 180 Grad Ober-/Unterhitze und Stufe 2-3 Gas erhöhen und nochmals 15-20 min überbacken, bis eine knusprige Oberfläche entstanden ist. Kurz abkühlen lassen und noch warm servieren.

Tipp: Aus dem Nudelteig können insgesamt etwa 22 Lasagneplatten hergestellt werden. Die übriggebliebenen Platten lassen sich wunderbar einfrieren. Alternativ dazu können auch bereits fertige Platten verwendet werden. Dabei erhöht sich die Garzeit um etwa 5-10 min.

24. Low-Carb-Lasagne

Zutaten

Für 2 Portionen

1 kleine Zwiebel

2 Knoblauchzehe

4 El Öl

300 g gemischtes Hack

Salz, Pfeffer und Zucker

2 El Tomatenmark

1 Dose stückige Tomaten

1,5 Tl getrockneter Oregano

2 Kohlrabi

2 Möhren

2 Kugel Mozzarella

50 g geraspelter Gouda

Zeit

Arbeitszeit: 70-80 Min.

Nährwert

Pro Portion 833 kcal

Kohlenhydrate: 17 g, Eiweiß: 47 g und Fett: 62 g

Schwierigkeit

So wird es gemacht

Knoblauch und Zwiebel schälen und in Würfel schneiden. In einem Topf etwas Öl erwärmen, das Hackfleisch hinzufügen, mit Salz würzen und hellbraun anbraten. Nach etwa 2 min Knoblauch und Zwiebeln sowie Tomatenmark zugeben und weiter garen. 100 ml Wasser sowie die stückigen Tomaten zufügen, mit Pfeffer, Oregano, Salz und 1 Prise Zucker würzen und aufkochen lassen. Zugedeckt für etwa 10-15 min bei mittlerer Hitze kochen.

Möhren und Kohlrabi schälen, halbieren und in Scheiben schneiden. Mozzarella abtropfen lassen und fein würfeln.

Den Backofen auf 200 Grad Ober-/Unterhitze oder 180 Grad Umluft vorheizen. Eine etwa 25 x 15 cm große Auflaufform leicht einfetten und darin das Gemüse und den Käse in zwei Schichten einfüllen. Die Käseschicht sollte dabei abschließend sein. Die Lasagne etwa 40-45 min auf der untersten Schiene backen.

Pasta-Fans aufgepasst: Wer seine Ernährung umstellt, kann beispielsweise Nudeln aus Linsen nehmen, die einen geringeren Kohlenhydratanteil haben und trotzdem happy machen. Es gibt sie im Reformhaus.

25. Hack-Ravioli- Lasagne

Zutaten

Für 2 Portionen

300 g Käse-Ravioli, (Kühlregal)

450 g Sauce Bolognese, (1/2 Portion Grundrezept; siehe Rezept: Grundrezept Sauce Bolognese)

125 g Ricotta

35 g geriebener ital. Hartkäse, (z. B. Grana Padano)

Zeit

Arbeitszeit: 30-35 Min.

Nährwert

Pro Portion 938 kcal

Kohlenhydrate: 53 g

Eiweiß: 48 g

Fett: 57 g

Schwierigkeit

So wird es gemacht

Salzwasser zum Kochen bringen und die Käse-Ravioli nach Packungsanleitung zubereiten. Danach in einem Sieb abtropfen lassen. In der Zwischenzeit den Backofen auf 200 Grad Ober-/Unterhitze oder 180 Grad Umluft vorheizen.

Eine etwa 20 x 15 cm große Auflaufform leicht einfetten. Die Bolognese erwärmen und schichtweise mit den Käse-Ravioli mehrlagig hineingeben. Mit einem Teelöffel den Ricotta gleichmäßig darauf verteilen. Zum Schluss den Hartkäse darüber streuen und auf mittlerer Schiene für etwa 15-20 min backen.

Alternativ können auch Cappelletti oder Ravioli in verschiedenen Geschmacksrichtungen aus dem Kühlregal verwendet werden, z.B. gefüllt mit Spinat, Tomaten-Pesto oder Käse.

26. Hack-Spinat- Lasagne

Zutaten

Für 6 Portionen

2 El Butter

30 g Mehl

500 ml Milch

4 El Öl

500 g gemischtes Hack

Salz, Pfeffer

350 ml Tomatensauce, (siehe Rezept: Tomatensauce)

200 g TK-Blattspinat, (aufgetaut)

frisch geriebene Muskatnuss

9-10 Lasagne-Platten

200 g geraspelter Gouda

Zeit

Arbeitszeit: 50-60 Min.

Nährwert

Pro Portion 516 kcal

Kohlenhydrate: 22 g, Eiweiß: 28 g und Fett: 34 g

Schwierigkeit

So wird es gemacht

In einem Topf die Butter auslassen und das Mehl darin anschwitzen. Mit der Milch ablöschen und gleichmäßig verrühren. Die Béchamelsauce bei mittlerer Hitzezufuhr etwa 12-15 köcheln.

In einer Pfanne etwas Öl erhitzen, das Hackfleisch krümelig hineingeben, mit Pfeffer und Salz würzen und hellbraun anbraten. Anschließend mit 100 ml Wasser und Tomatensauce auffüllen, mit Pfeffer und Salz abschmecken und bei mittlerer Hitze erwärmen.

Den Spinat ausdrücken, grob schneiden mit der Béchamelsauce vermischen und pürieren. Anschließend mit Muskat, Pfeffer und Salz würzen.

Eine 25 x 20 cm große Auflaufform einfetten und je 1/3 der Lasagneplatten, die Hackfleischsauce, die Béchamelsauce und den Käse schichtweise einbringen. Den Vorgang zweimal wiederholen. Die letzte Schicht sollte aus Sauce und Käse bestehen. Den Backofen auf 200 Grad Ober-/Unterhitze oder 180 Grad Umluft vorheizen. Die Auflaufform auf mittlerer Schiene hineinstellen und die Lasagne etwa 20-25 überbacken.

Tipp: Die Lasagne lässt sich bereits einen Tag vorher fertigstellen. Abgedeckt im Kühlschrank aufbewahren. Wichtig beim Backen: Zuerst bei 160 Grad Ober-/Unterhitze etwa 10-12 min und dann bei 200 Grad Ober-/Unterhitze weitere 20-25 backen.

27. Sauerkraut-Speck-Lasagne

Zutaten

Für 6 Portionen

100 g durchwachsener Speck (in Scheiben)

3 Zwiebeln und 4 El Öl

Salz, Pfeffer und Zucker

2 El gehackter Majoran,(oder 1 El getrockneter Majoran)

1 Lorbeerblatt

350 ml Gemüsebrühe

200 ml Schlagsahne

2 El weiche Butter

1 Dose Sauerkraut, (350 g Abtropfgewicht)

175 g Bergkäse

9-10 Lasagne-Platten

Zeit

Arbeitszeit: 40-50 Min.

Nährwert

Pro Portion 406 kcal

Kohlenhydrate: 15 g, Eiweiß: 13 g und Fett: 32 g

Schwierigkeit

So wird es gemacht

Zwiebeln schälen, halbieren und in dünne Ringe schneiden. In einer Pfanne etwas Öl erhitzen. Den Speck in Streifen schneiden und im Öl hellbraun anbraten. Zwiebeln hinzugeben, mit 1 Prise Zucker, Salz, Majoran und Pfeffer würzen und etwa 4-6 min andünsten. Mit Sahne und Brühe ablöschen und das Lorbeerblatt hinzufügen.

Sauerkraut in einem Sieb abgießen und anschließend ausdrücken. Eine 22 x 14 cm große Auflaufform mit etwas Butter einfetten. Den Käse reiben. 1/3 vom Sauerkraut in die Auflaufform füllen und 3 Lasagneplatten darüber legen. Erneut 1/3 Sauerkraut darauf verteilen, mit 1/3 Zwiebelsauce und 1/3 Käse bedecken. Den Vorgang wiederholen, bis die Platten aufgebraucht sind.

Den Backofen auf 200 Grad Ober-/Unterhitze oder 180 Grad Umluft vorheizen. Die Auflaufform etwa 25-30 min auf der unteren Schiene überbacken. Herausnehmen und nach etwa 8-10 noch warm servieren.

28. Zucchini und Schinken Lasagne

Zutaten

Für 6 Portionen

Nudelteig

650 g Mehl, (gesiebt) und Mehl zum Bearbeiten

6 Eier , (Kl. M)

Salz

3 El Olivenöl

Außerdem

Klarsichtfolie

Nudelmaschine

feiner Nudelgrieß, zum Bearbeiten (Semola rimacinata di grano duro)

Béchamelsauce

75 g Butter

75 g Mehl

600 ml Milch

1 frisches Lorbeerblatt

Salz

Muskat

75 g Pecorino, (fein gerieben)

Schale von 1/2 Bio-Zitrone, fein abgerieben

Füllung

2 Zucchini, (à ca. 400 g)

5 El Olivenöl

Salz

Pfeffer

175 g gekochter Schinken

30 g Butter

8-10 Lasagne-Platten

50 g Pecorino, (fein gerieben)

25 g alter Gouda, (grob gerieben)

Außerdem

Küchenpapier

Zeit

Arbeitszeit: 90-100 Min.

plus Ruhezeit 1 Stunde

Nährwert

Pro Portion 550 kcal

Kohlenhydrate: 36 g

Eiweiß: 22 g

Fett: 34 g

Schwierigkeit

So wird es gemacht

1 EL kaltes Wasser, Eier, Öl, Mehl und 1 Prise Salz zu einem glatten Teig verkneten. Eine Arbeitsfläche mit Teig bemehlen und den Teig etwa 3-5 kräftig durchkneten. Im Anschluss mit Grieß bestreuen, in Klarsichtfolie einwickeln und für etwa 60 min kaltstellen. Den Teig in vier Hälften teilen, mit etwas Nudelgrieß bestreuen und flach ausrollen. Die einzelnen Platten durch eine Nudelmaschine von Stufe 1 bis 5 drehen, auf die Arbeitsfläche legen und Platten mit einer Größe von 10 cm schneiden. Die anderen Teige genauso bearbeiten. Salzwasser zum Kochen bringen und die Lasagneplatten darin etwa 20-30 Sek. leicht angaren. Herausnehmen, abschrecken, auf ein Tablett und dann zwischen nasse Küchenhandtücher legen. Danach die Platten kaltstellen.

In einen Topf etwas Butter bei mittlerer Hitze auslassen. Mehl sieben und mit der Butter verrühren. Die Milch hinzugeben und alles gründlich verrühren. Das Lorbeerblatt zufügen und etwa 18-22 min bei geringer Hitzezufuhr leicht köcheln lassen. Zum Schluss den Abrieb einer Zitronenschale, den Pecorino, Salz und Pfeffer unterrühren und das Lorbeerblatt herausnehmen.

In einer beschichteten Pfanne die Hälfte vom Öl erwärmen. Die Zucchini schälen, in dünne Scheiben schneiden und in dem Öl etwa 1-2 min. bei mittlerer Hitze anbraten. Die Zucchinischeiben mit Pfeffer und Salz würzen und auf ein Küchenpapier zum Abtropfen legen. Nach und nach das restliche Öl zum Braten zugeben. Den Schinken würfeln.

Eine etwa 22 x 22 cm große Auflaufform mit 1 TL Butter einfetten. Den Boden mit ein wenig Béchamelsauce bestreichen, schichtweise die Lasagneplatten, den Schinken, die Zucchini und Pecorino einfüllen. Die letzte Schichte sollte unbedingt die Béchamelsauce sein. Oben auf Butterflöckchen gleichmäßig verteilen. Den Backofen auf 140 Grad Ober-/Unterhitze oder Stufe 1 Gas vorheizen. Die Auflaufform auf mittlerer Schiene in den Backofen stellen und die Lasagne etwa 20-25 backen. Danach den Gouda gleichmäßig darauf verteilen, die Temperatur auf 180 Grad Ober-/Unterhitze oder Stufe 2-3 Gas erhöhen und weitere 15-20 min garen. Vor dem Servieren etwa 4-5 min leicht abkühlen lassen.

Tipp: Aus dem Nudelteig lassen sich etwa 20-22 Lasagneplatten herstellen. Die übriggebliebenen Platten können problemlos eingefroren werden. Alternativ dazu können Sie auch fertige Lasagneplatten verwenden. Alledings erhöht sich dabei die Garzeit um etwa 4-5 min.

29. Vegetarische-Lasagne

Zutaten

Für 8 Portionen

3 El Butter

3 El Mehl

Salz

Pfeffer

Muskat

800 ml Milch

250 g Hokkaido-Kürbis

1 Zucchini, (ca. 400 g)

10 El Öl

4 Tomaten

250 g Champignons

1 Stange Lauch

1 kleiner Spitzkohl, (ca. 350 g)

15-17 Lasagneplatten

100 g geriebener Parmesan

250 g mittelalter Gouda, (geraspelt)

Zeit

Arbeitszeit: 70-80 Min.

Schwierigkeit

So wird es gemacht

In einem Topf die Butter auslassen, mit dem Mehl andünsten und mit Muskat, Pfeffer und Salz würzen. Mit der Milch ablöschen und für etwa 10-15 min bei mittlerer Hitze unter ständigem Rühren aufkochen.

Den Kürbis schälen, entkernen und in schmale Stücke schneiden. Zucchini abwaschen und in 2-4 mm dicke Scheiben schneiden. Ein Backblech mit Backpapier auslegen und darauf den Kürbis und die Zucchini legen. Alles mit Salz würzen und mit 2 EL Olivenöl beträufeln. Den Backofen auf 200 Grad Oberhitze vorheizen und das Gemüse für 10-15 min. auf mittlerer Schiene garen. Das Gemüse aus dem Ofen nehmen und die Temperatur auf 180 Grad Ober-/Unterhitze reduzieren.

Pilze und Tomaten abwaschen und in dünne Scheiben schneiden. Den Lauch säubern und grobe Stücke schneiden. Die äußeren Blätter vom Spitzkohl entfernen, den Kohl halbieren, den Strunk entfernen und grob raspeln.

In einer Pfanne 2 EL Öl erhitzen, die Pilze hinzufügen, salzen und hellbraun anbraten. Weitere 2 EL Öl in die Pfanne geben und zusammen mit dem Spitzkohl und dem Lauch andünsten. Abschmecken mit Pfeffer und Salz und bei mittlerer Hitze etwa 4-6 min garen.

Eine 28 x 23 cm Auflaufform leicht einölen und mit einer dünnen Schicht Béchamelsauce bestreichen. 2 ½ Lasagneplatten hineinlegen, ein Teil der Tomaten darauf geben, mit 2 EL Parmesan bestreuen und mit etwas Béchamel abschließen. Die nächsten 3 Lasagneplatten aufschichten, Pilze darauf geben und mit Parmesan bestreuen. Die restlichen Platten und Zutaten genauso verarbeiten. Zum Schluss Gouda gleichmäßig darauf verteilen und mit 1 EL Olivenöl beträufeln. Den Backofen bei 180 Grad Ober-/Unterhitze erwärmen und die Lasagne für etwa 30-40 min. auf unterster Schiene überbacken.

30. Spinat-Kürbis- Lasagne mit Ziegenkäse-Béchamel

Zutaten

Für 6 Portionen

35 g Butter

25 g Mehl

500 ml Milch

1 Zwiebel

1 Lorbeerblatt

1 Nelke

Salz

Pfeffer

250 g Ziegenfrischkäse

800 g Muskatkürbis

1 Knoblauchzehen

1 Zweige Rosmarin

5 El Olivenöl

450 g Blattspinat

200 g Kirschtomaten

1 Stiel Salbei

100 g Parmesan

9-10 Lasagneblätter (ohne Vorkochen)

Zeit

Arbeitszeit: 60-70 Min.

plus Backzeit 30-35 Minuten

Schwierigkeit

So wird es gemacht

In einem Topf die Butter auslassen und das Mehl bei mittlerer Hitze für etwa 20-25 sek. leicht anschwitzen. Ablöschen mit der Milch und gleichmäßig verrühren. Die restliche Milch zugeben und aufkochen lassen. Nelke und Lorbeerblatt mit der Zwiebel spicken, dazugeben, alles salzen und pfeffern und etwa 25-30 min bei mittlerer Hitze köcheln lassen. Die Zwiebel herausnehmen und die Sauce passieren. Nun den Ziegenkäse hinzufügen und unter ständigem Rühren auflösen lassen. Zum Abkühlen die Sauce beiseite stellen.

Den Kürbis schälen, Kerne entfernen und in 4-6 mm Scheiben schneiden. Den Knoblauch schälen und zerdrücken. Den Rosmarin von den Stielen befreien und kleinhacken. Alles auf ein Backblech geben und mit Öl beträufeln. Den Backofengrill auf 220 Grad oder Stufe 3-4 Gas vorheizen, das Backblech auf oberste Schiene reinstellen und für etwa 6-8 min grillen. Zum Abkühlen zur Seite stellen.

Salzwasser zum Kochen bringen. Den Spinat waschen und für etwa 2-4 min im Salzwasser garen. Danach abschrecken, das Wasser herausdrücken, grob hacken und mit Pfeffer und Salz würzen. Die Tomaten abwaschen und in Viertel schneiden. Die Salbeiblätter kleinhacken und die Parmesan reiben.

Ein 30 x 20 cm große Auflaufform mit der restlichen Butter einfetten und mit 3 Lasagneblätter belegen. Kürbis, Spinat, Tomaten, Béchamelsauce und Lasagneblätter schichtweise einbringen. Den Abschluss sollte die Béchamelsauce bilden. Zum Schluss den Käse und den Salbei gleichmäßig darauf verteilen. Den Backofen auf 180 Grad Ober-/Unterhitze, Stufe 2-3 Gas oder 160 Grad Umluft vorheizen und etwa 30-35 min auf mittlerer Schiene garen.

31. Spargel- Morchel- Lasagne mit Gegrillter Lauch

Zutaten

Für 4 Portionen

Morchelragout:

450 ml Gemüsefond

20 g getrocknete Spitzmorcheln

30 g Butter

20 g Mehl

3 Schalotten

450 g weißer Spargel

80 ml Weinbrand

120 ml Schlagsahne

Salz, Pfeffer

Muskat

2 Tl Zitronensaft

Kerbelöl:

1 Bund Kerbel, (ca. 35 g)

5 El Olivenöl

Gegrillter Lauch:

5 Stangen junger Lauch, (à ca. 130 g)

3 El Olivenöl

grobes Meersalz

Pfeffer

Lasagne

6-8 Lasagne-Platten

Salz

Außerdem

Backpapier

Küchenpapier

Öl

Zeit

Arbeitszeit: 40-50 Min.

plus Garzeit 20-25 Minuten

Nährwert

Pro Portion 488 kcal

Kohlenhydrate: 25 g

Eiweiß: 8 g

Fett: 37 g

Schwierigkeit

So wird es gemacht

Den Gemüsefond in einem Topf erwärmen und die Morcheln für etwa 15-20 min darin einweichen. Das Mehl mit der Butter verkneten, kleine Flocken daraus bilden und einfrieren. Spargel schälen, holzige Enden abschneiden und in 4-5 cm Stücke schneiden. Schalotten pellen und in kleine Würfel schneiden. Die Morcheln in einem Sieb abgießen und den Fond auffangen und durch ein Sieb gießen. Es werden ungefähr 225 ml Fond benötigt. Unter fließendem Wasser die Morcheln abspülen und danach durch ausdrücken das Wasser entfernen.

Die übriggebliebene Butter auslassen und die Morcheln und die Schalotten darin leicht andünsten. Den Weinbrand hinzufügen und mit offenem Deckel einkochen lassen. Nun die Sahne und den Fond der Morcheln zugeben und mit Pfeffer und Salz abschmecken. Mit mittlerer Hitzezufuhr für etwa 3-5 min aufkochen lassen. Die Mehlbutter unter Rühren hinzugeben und nochmals 3-5 min köcheln lassen. Das fertige Ragout zur Seite stellen.

Die Kerbelblätter von den Stielen entfernen und bis auf zwei oder drei Blätter mit dem Olivenöl pürieren. Mit Pfeffer und Salz abschmecken.

Die äußere Schale der Lauchstangen entfernen, abwaschen, halbieren und in 6-8 cm große Stücke schneiden. Die Stücke in eine Grillpfanne geben, mit Olivenöl vermischen und bei mittlerer Hitze etwa 3-4 min leicht anbraten. Zum Schluss mit Pfeffer und Salz abschmecken und in der Pfanne beiseite stellen.

Salzwasser zum Kochen bringen und die Lasagneplatten darin etwa 5-6 min vorgaren. Durch regelmäßiges Umrühren wird ein aneinanderkleben der Platten vermieden. Backpapier leicht einölen, die Platten aus dem Wasser nehmen und zwischen das Backpapier legen. Den Backofen auf 100 Grad Ober-/Unterhitze oder Stufe 1 Gas vorheizen und auf mittlerer Schiene die Platten warmhalten.

Das Ragout leicht aufkochen und den Spargel zufügen. Weitere 3-5 min köcheln lassen und danach mit Zitronensaft, Muskat, Salz und Pfeffer abschmecken. Die Lasagneplatten halbieren und die einzelnen Platten mit dem Morchelragout belegen. Lauch und Kerbelöl zugeben, mit den Kerbelblättchen bestreuen und noch warm servieren.

Pasta unter 30 Minuten

32. Penne mit Käse-Spinat- Sauce

Zutaten

Für 2 Portionen

250 g kurze nudeln, (z. B. Penne)

300 ml Schlagsahne

80 ml Gemüsebrühe

125 g Sahneschmelzkäse

75 g geriebenen ital. Hartkäse, (z. B. Grana Padano)

Salz

1 Tl fein abgeriebener Bio-Zitronenschale

1 Tl Zitronensaft

250 g TK-Blattspinat, (aufgetaut)

3 Scheiben gekochten Schinken, (ca. 100 g)

2 El Rauchmandeln

1 Tl Chiliflocken

Zeit

Arbeitszeit: 20-25 Min.

Nährwert

Pro Portion 1283 kcal

Kohlenhydrate: 77 g, Eiweiß: 49 g und Fett: 83 g

Schwierigkeit

So wird es gemacht

Salzwasser zum Kochen bringen und die Nudeln darin nach Packungsanleitung zubereiten. In der Zwischenzeit in einer Pfanne die Gemüsebrühe mit der Schlagsahne aufkochen. Danach den Schmelzkäse und den geriebenen Käse (z.B. Grana Padano) hinzufügen und bei mittlerer Hitzezufuhr auflösen lassen. Mit ein wenig Zitronensaft, dem Abrieb der Zitronenschale und etwas Salz abschmecken.

Den aufgetauten Spinat fest ausdrücken und in grobe Stücke schneiden. Den Kochschinken würfeln und mit dem Spinat zur Sauce geben. Die gekochten Nudeln in einem Sieb abgießen, abtropfen lassen und ebenfalls unter die Sauce mischen.

Die Rauchmandeln in grobe Stücke schneiden. Die Nudeln auf Teller anrichten, mit 1 Prise Chiliflocken und den Mandeln bestreuen. Noch warm servieren.

Der Spinat kann auch schon einen Abend vorher aus dem Tiefkühlschrank genommen werden, um das Gericht am nächsten Tag zuzubereiten. Am besten über Nacht zum Auftauen in den Kühlschrank stellen.

33. Pasta mit Thunfisch-

Zutaten

Für 2 Portionen

2 kleine Zwiebeln

2 Knoblauchzehen

3 El Olivenöl

1 El Tomatenmark

1 Dose Pizzatomaten, (425 EW)

250 g Spaghetti

1 Kapern, (20 g Abtropfgewicht)

1 Dose Thunfisch, (in Lake, 112 g Abtropfgewicht)

Salz

Pfeffer

1 Prise Zucker

2 Stiele Basilikum

2 El Olivenöl

Zeit

Arbeitszeit: 20-25 Min.

Nährwert

Pro Portion 505 kcal

Kohlenhydrate: 78 g

Eiweiß: 29 g

Fett: 7 g

Schwierigkeit

So wird es gemacht

Knoblauch und Zwiebeln schälen und kleinschneiden. In einem Topf 2 EL Olivenöl erwärmen und darin den Knoblauch und die Zwiebeln glasig andünsten. Tomatenmark und die Pizzatomaten hinzufügen und bei mittlerer Hitze etwa 7-10 min köcheln lassen.

Salzwasser zum Kochen bringen und darin die Spaghetti nach Packungsanweisung zubereiten. Thunfisch und Kapern in einem Sieb abgießen, zu der Tomatensauce geben und alles miteinander vermischen. Zum Schluss mit 1 Prise Zucker, Pfeffer und Salz abschmecken. Die Basilikumblätter von den Stielen befreien und kleinhacken.

Die Nudeln in einem Sieb abgießen und unter die Thunfisch-Tomaten-Sauce mischen. Mit etwas Olivenöl beträufeln und mit dem Basilikum bestreuen. Noch warm servieren.

34. Spinat mit Rote-Bete-Nudeln

Zutaten

Für 4 Portionen

450 g Spaghetti

Salz

175 ml Rote-Bete-Saft

25 g Butter

3 El Weißweinessig

Pfeffer

125 g Spinat, (geputzt)

1 Tl fein abgeriebene Bio-Zitronenschale

1 Bund Gartenkresse

125 g Feta

Zeit

Arbeitszeit: 25-30 Min.

Nährwert

Pro Portion 487 kcal

Kohlenhydrate: 73 g

Eiweiß: 17 g

Fett: 11 g

Schwierigkeit

So wird es gemacht

Salzwasser zum Kochen bringen und die Nudeln darin nach Packungsanleitung garen. Butter und Essig zusammen mit dem Rote-Bete-Saft in einen Topf geben und für etwa 4-6 min bei mittlerer Hitze köcheln lassen. Die Nudeln in einem Sieb abgießen und dabei das Wasser auffangen. Das aufgefangene Nudelwasser zur Rote-Bete-Reduktion geben und leicht zum Aufkochen bringen. Zum Schluss mit Pfeffer und Salz abschmecken.

Den Spinat, den Abrieb der Zitronenschale und die Nudeln hinzufügen und unter ständigem Wenden für 3-5 min erhitzen. Die Nudeln sollte dabei farblich der Roten Bete ähneln. Die Flüssigkeit vom Feta abgießen und den ihn kleinschneiden. Die Kresse vom Bund abschneiden. Die Nudeln in tiefe Teller geben und mit der Kresse und dem Feta dekorieren.

35. Schmortomaten mit Garnelen-Pasta

Zutaten

Für 2 Portionen

1 Knoblauchzehen

275 g Kirschtomaten

0.5 Bund glatte Petersilie

250 g TK-Garnelen, aufgetaut (z.B. Black Tiger, 180g Abtropfgewicht)

5 El Olivenöl

3 Stiele Thymian

grobes Meersalz

Chiliflocken

250 g Spaghetti, extradünn (z.B. Capellini)

Zeit

Arbeitszeit: 20-25 Min.

Nährwert

Pro Portion 742 kcal

Kohlenhydrate: 76 g

Eiweiß: 30 g und Fett: 32 g

Schwierigkeit

So wird es gemacht

Den Knoblauch schälen und in dünne Scheiben schneiden. Die Tomaten waschen und halbieren. Die Petersilie von den Stielen befreien und kleinschneiden.

Mit einem Küchenpapier die Garnelen trocken tupfen. In eine Pfanne 2 EL Öl sowie den Thymian und die Garnelen geben und bei mittlerer bis starker Hitze etwa 2-3 min erwärmen. Die Hälfte vom Knoblauch hinzufügen und weitere 2-3 min garen. Garnelen aus der Pfanne herausnehmen, mit Chiliflocken und Salz würzen und den Thymian entfernen.

In einer Pfanne das restliche Öl erwärmen und den übriggebliebenen Knoblauch für etwa 2-3 min bei mittlerer Hitze andünsten. Wasser und Tomaten zugeben, mit Salz würzen und etwa 3-5 kochen lassen. Zum Schluss unter die Tomaten Petersilie und Garnelen mischen.

Salzwasser kochen und die Nudeln nach Packungsanleitung zubereiten. Die fertigen Nudeln in einem Sieb abgießen und sofort unter die Tomaten-Garnelen mischen. Mit Chiliflocken und Salz abschmecken und mit ein wenig Öl beträufeln. Noch warm servieren.

Tipp: Wenn die Garnelen mit der Schale gebraten werden, sind sie deutlich saftiger. Wer mag, kann sie auch schon vor dem Servieren schälen.

36. Zucchini-Hähnchen- Pasta

Zutaten

Für 2 Portionen

150 g Hähnchenbrustfilet

200 g Zucchini

1 Zwiebel

150 g kurze Nudeln, (z. B. Casareccia)

2 El Öl

Salz, Pfeffer

90 g TK-Erbsen

2 El Schmand

1 Tl fein abgeriebene Bio-Zitronenschale

1 El Zitronensaft

1 Prise Zucker

3 El grob gehackter Basilikum

Zeit

Arbeitszeit: 20-25 Min.

Nährwert

Pro Portion 400 kcal

Kohlenhydrate: 52 g

Eiweiß: 27 g und Fett: 8 g

Schwierigkeit

So wird es gemacht

Das Hähnchenbrustfilet abwaschen, trocken tupfen und in 1-2 cm große Stücke schneiden. Zucchini waschen, in der Länge halbieren und in 0,5 – 1 große Streifen schneiden. Zwiebeln schälen und feinhacken.

Salzwasser zum Kochen bringen und die Nudeln darin nach Packungsanleitung garen. In einer beschichteten Pfanne 1 EL Öl erhitzen, das Fleisch hineingeben, mit Pfeffer und Salz würzen und braun anbraten lassen. Nun einen weiteren EL Öl sowie Zwiebeln. 150 ml Nudelwasser und Zucchini in die Pfanne geben und bei mittlerer Hitzezufuhr etwa 3-5 min weitergaren. Zum Schluss das Fleisch und die Erbsen zufügen und weitere 3-5 min köcheln lassen.

Die Nudeln in einem Sieb abgießen. Dabei etwa 100 ml Wasser auffangen und mit dem Zitronensaft, dem Abrieb der Zitronenschale und dem Schmand damit verrühren. Die Nudeln dazu geben und mit 1 Prise Zucker, Pfeffer und Salz abschmecken. Falls es zu sämig ist, kann noch etwas Nudelwasser zugefügt werden. Zu guter Letzt mit dem grob gehackten Basilikum garnieren und noch warm servieren.

37. Tortellini mit Sahne-Broccoli-Sauce

Zutaten

Für 2 Portionen

1 kleinen Broccoli, (ca. 300g)

4 Scheiben gekochten Schinken, (ca. 100 g)

100 g ital. Hartkäse, (z. B. Grana Padano)

250 ml Schlagsahne

1500 ml Geflügelbrühe

Salz

Pfeffer

1 Pk. Tortellini, (250 g, mit Käsefüllung oder andere, Kühlregal)

Zeit

Arbeitszeit: 15-20 Min.

Nährwert

Pro Portion 880 kcal

Kohlenhydrate: 65 g

Eiweiß: 41 g

Fett: 48 g

Schwierigkeit

So wird es gemacht

Den Broccoli waschen und die Röschen herausschneiden. Den übriggebliebenen Stiel in kleine Stücke würfeln. Den Kochschinken in Streifen schneiden und den Hartkäse fein reiben.

In einem Topf die Brühe und die Sahne kurz aufkochen lassen. Ungefähr 50 g Käse zugeben und dabei kräftig umrühren. Die Sauce mit Pfeffer und Salz abschmecken und bei geringer Hitze warmhalten.

Salzwasser zum Kochen bringen und darin die Broccoliröschen garen. Die Tortellinis zufügen und etwa 3-5 min bei mittlerer Hitzezufuhr garen. Alles in einem Sieb abgießen, abtropfen lassen und zusammen mit dem Schinken unter die Sauce heben. Alles vorsichtig durchmischen und mit dem gemahlenen Pfeffer sowie dem restlichen Käse bestreuen. Noch warm servieren.

38. Tagliatelle mit Garnelen und Zitronensauce

Zutaten

Für 2 Portionen

1 Zwiebel

1 Knoblauchzehe

Saft einer Bio Zitrone

3 El Öl

1 El Zucker

250 g Crème fraîche

Salz

Pfeffer

250 g Bandnudeln

150 g TK-Garnelen

25 g Rauke

Zeit

Arbeitszeit: 20-25 Min.

Nährwert

Pro Portion 846 kcal

Kohlenhydrate: 84 g

Eiweiß: 30 g

Fett: 42 g

Schwierigkeit

So wird es gemacht

Knoblauch und Zwiebeln schälen und kleinschneiden. Die Zitrone abwaschen und fein abreiben. Eine Zitrone auspressen.

In einer Pfanne das Öl erhitzen und bei mittlerer Hitzezufuhr den Knoblauch und die Zwiebeln darin glasig andünsten. Den Zucker darüber streuen, schmelzen lassen und alles mit dem Zitronensaft ablöschen. Zum Schluss die Crème fraiche dazugeben und die Sauce mit 1 Prise Zucker, Pfeffer, Salz und dem Abrieb der Zitronenschale abschmecken.

Salzwasser zum Kochen bringen und die Nudeln darin nach Packungsanleitung garen. Die Rauke waschen und trockenschleudern. In der Sauce die Garnelen leicht erhitzen. Die Nudeln in einem Sieb abgießen und mit der Zitronensauce übergießen. Die Rauke mit den Nudeln auf Tellern anrichten und noch warm servieren.

39. Pasta all'arrabbiata

Zutaten

Für 2 Portionen

125 g durchwachsener Speck

1 rote Chilischote

250 g Spaghetti

2 El Olivenöl

450 ml Tomatensauce (gekauft nach Geschmack)

30 g Kapern (abgetropft, aus dem Glas)

3 El fein gehobelter ital. Hartkäse (z.B. Parmigiano reggiano oder Grana padano)

Zeit

Arbeitszeit: 15-20 Min.

Nährwert

Pro Portion 806 kcal

Kohlenhydrate: 91 g

Eiweiß: 28 g

Fett: 35 g

Schwierigkeit

So wird es gemacht

Den Speck in feine Würfeln schneiden. Die Chilischote waschen, in der Länge durchschneiden, die Kerne entfernen und fein würfeln.

Salzwasser zum Kochen bringen und die Spaghetti nach Packungsanleitung zubereiten. In einer Pfanne das Olivenöl erhitzen und etwa 3-4 min den Speck darin knusprig anbraten. Die Chilischote, die abgetropften Kapern und die Tomatensauce (s. Rezept Tomatensauce) zugeben und etwa 2-3 min köcheln lassen. Bei Bedarf mit etwas Salz abschmecken.

Die Nudeln in einem Sieb abgießen und mit der Tomatensauce vermischen. Den Hartkäse (beispielsweise Grana padano oder Parmigiano reggiano) darüber streuen und noch warm servieren.

40. Römer - Salat-Pasta

Zutaten

Für 2 Portionen

1 Zwiebel

2 Römersalatherzen, (200 g)

150 g Kirschtomaten

200 g Tortiglioni

3 El Olivenöl

250 g Mett

1 Prise Zucker

Salz

Pfeffer

Zeit

Arbeitszeit: 20-25 Min.

Nährwert

Pro Portion 816 kcal

Kohlenhydrate: 70 g

Eiweiß: 32 g und Fett: 43 g

Schwierigkeit

So wird es gemacht

Die Zwiebel schälen und in kleine Stücke schneiden. Die Römersalate waschen, trockenschleudern und zerkleinern. Die Tomaten waschen und einmal durchschneiden.

Salzwasser zum Kochen bringen und die Tortiglioni nach Packungsanleitung zubereiten. In einer Pfanne 1 EL erwärmen und bei mittlerer bis starker Hitzezufuhr das Mett darin krümelig anbraten, um es dann herauszunehmen. Erneut 1 EL Öl in die Pfanne geben und darin bei mittlerer Hitzezufuhr die Zwiebeln etwa 2-4 min andünsten. Die Tomaten dazugeben und mit einer Prise Zucker abschmecken. Nun noch das Mett zufügen, mit Pfeffer und Salz abschmecken und für etwa 3 min köcheln lassen.

Die Nudeln in einem Sieb abgießen und dabei etwa 80-100 ml Nudelwasser auffangen. Die Nudeln in die Gemüse-Mett-Mischung geben, aufkochen lassen und alles gleichmäßig verrühren. Zum Schluss mit Olivenöl beträufeln und noch warm servieren. Ital. Hartkäse (beispielsweise Parmigiano reggiano) passt hervorragend dazu.

41. Paprika-Walnuss-Pasta

Zutaten

Für 2 Portionen

1 Knoblauchzehe

200 g gegrillte Paprika, (Glas, abgetropft)

75 g Walnusskerne

250 g Linguine

3 El Olivenöl

4 Stiele Basilikum

50 g ital. Hartkäse, (z. B. Grana Padano)

Salz

Pfeffer

Zeit

Arbeitszeit: 15-20 Min.

Nährwert

Pro Portion 834 kcal

Kohlenhydrate: 74 g

Eiweiß: 24 g

Fett: 48 g

Schwierigkeit

So wird es gemacht

Die Paprika in einem Sieb abtropfen lassen und in schmale Streifen schneiden. Die Knoblauchzehe schälen und fein schneiden. Die Walnusskerne grob zerhacken und fettfrei in einer Pfanne anrösten. Anschließen zur Seite stellen.

Salzwasser zum Kochen bringen und die Linguine nach Packungsanleitung zubereiten. In einer Pfanne 2 EL Olivenöl erhitzen, den Knoblauch darin für etwa 2-3 min bei mittlerer Hitzezufuhr andünsten, Paprikastreifen zugeben und weiter köcheln lassen. Die Basilikumblätter von den Stielen befreien und die Hälfte der Blätter kleinhacken. Den Hartkäse (beispielsweise Grana Padano) reiben.

Die Nudeln in einem Sieb abgießen und das Nudelwasser (120-150 ml) auffangen und mit der Knoblauch-Paprika-Mischung verrühren und erwärmen. Das Basilikum unterrühren und mit Pfeffer und Salz abschmecken. Die Pasta mit dem restlichen Olivenöl beträufeln, mit Käse, den restlichen Basilikumblättern und Walnüssen bestreuen und noch warm servieren.

42. Sauce bolognese Grundrezept

Zutaten

Für 4 Portionen

2 Zwiebeln

1 Knoblauchzehen

450 g gemischtes Hack

3 El heißes Olivenöl

Salz, Pfeffer

1 Tl Zucker

3 El Tomatenmark

150 ml Rotwein

2 Dosen stückige Tomaten, (à 400 g Füllmenge)

1 Lorbeerblätter

Salz, Pfeffer

Zeit

Arbeitszeit: 15-20 Min.

Nährwert

Pro Portion 431 kcal

Kohlenhydrate: 7 g

Eiweiß: 25 g

Fett: 32 g

Schwierigkeit

So wird es gemacht

Den Knoblauch und die Zwiebeln schälen und kleinschneiden. In einer Pfanne Olivenöl erhitzen und das Hackfleisch darin braun anbraten. Den Knoblauch und Zwiebeln zugeben und mit Zucker, Pfeffer und Salz abschmecken. Das Tomatenmark zufügen und leicht anrösten lassen. Zu guter Letzt mit dem Rotwein ablöschen und gut einkochen lassen.

Wasser und Tomaten sowie Lorbeerblätter zur Sauce geben, mit Pfeffer, Salz abschmecken und bei geringer bis mittlerer Hitzezufuhr bei halb offenem Deckel etwa 60 min aufkochen lassen. Mehrfach umrühren und bei Bedarf nochmal nachwürzen.

Pizza

43. Pizza Margherita

Zutaten

Für 4 Portionen

10 g frische Hefe

550 g Mehl

1 Tl Salz

1 Rezept Tomatensauce, (siehe Rezept: Basis-Tomatensauce)

3 Kugeln Büffelmozzarella, (à 125 g)

1 Bund Basilikum

Salz, Pfeffer

Zeit

Arbeitszeit: 60-70 Min.

plus Gehzeiten

Nährwert

Pro Portion 674 kcal

Kohlenhydrate: 94 g

Eiweiß: 24 g und Fett: 21 g

Schwierigkeit

So wird es gemacht

Kaltes Wasser in eine Schüssel geben und darin die Hefe einbröseln und auflösen lassen. Anschließend Salz und Mehl zufügen und zu einem glatten Teig verarbeiten. Eine Arbeitsfläche bemehlen und den Teig etwa 5-8 min kräftig durchkneten. Den Teig in Klarsichtfolie wickeln und für etwa 90 min an einem warmen Ort gehen lassen.

Auf der bemehlen Arbeitsfläche den Teig ausrollen und in vier Stücke teilen. Diese zu Kugeln formen und in eine bemehlte Form legen. Ein wenig mit Mehl bestäuben und nochmals 60 min gehen lassen. Den Backofen mit einem Backblech bei 250 Grad Ober-/Unterhitze vorheizen.

Die Tomatensauce (s. Rezept: Basis-Tomatensauce) zubereiten. Den Mozzarella abtropfen lassen und in Scheiben schneiden. Die einzelnen Teigkugeln gleichmäßig von innen nach außen zu einem Teigfladen (24 cm Ø) ausrollen, mit Tomatensauce bestreuen und mit Mozzarella belegen. Danach auf ein mit Backpapier ausgelegtes Backblech legen.

Das Backblech auf der untersten Schiene etwa 10-12 min backen. Die Basilikumblätter von den Stielen befreien, kleinhacken und zusammen mit etwas Pfeffer und Salz auf die Pizza streuen. Die restlichen Pizzen genauso verarbeiten.

44. Pizza mit Blumenkohlboden und Pesto -Erbsen

Zutaten

Für 3 Portionen

Pesto

35 g TK-Erbsen

2 Stiele Basilikum

1 Knoblauchzehe

4 El Olivenöl

1El Weißweinessig

Fleur de sel

Pfeffer

Pizza:

1 Blumenkohl, (klein; 200 g)

125 g Mandeln,

(gemahlen)

50 g italienischer Hartkäse, (z.B. Parmesan; fein gerieben)

2 Eier, (Kl. M)

Salz, Pfeffer

2 Knoblauchzehen

325 g Tomaten

5 El Olivenöl

3 Stiele Basilikum

1 Tl Chiliflocken

3 El Zitronensaft

3 Artischocken, (klein)

15 g Kirschtomaten

1 Mozzarella, (125 g)

Zeit

Arbeitszeit: 70-75 Min.

Nährwert

Pro Portion 790 kcal

Kohlenhydrate: 13 g

Eiweiß: 28 g

Fett: 66 g

Schwierigkeit

So wird es gemacht

Die Pesto Erbsen in ein Sieb geben, mit heißem Wasser abbrausen und anschließend abtropfen lassen. Die Basilikumblätter von den Stielen befreien und grob zerhacken. Den Knoblauch schälen und in kleine Stücke schneiden. Öl, Essig, Pfeffer, Knoblauch, Erbsen und ½ Tl Fleur de sel ganz fein hacken und in ein Pesto-Glas geben.

Den Blumenkohl abwaschen, trocknen und ganz kleinschneiden. Den Blumenkohl in eine Schüssel geben, mit Ei, Mandeln, Pfeffer, Salz und Käse zu einem glatten Teig verarbeiten. Ein Backblech leicht einfetten und den Teig darauf etwa 3-5 mm andrücken. Den Backofen auf 180 Grad Ober-/Unterhitze oder Stufe 2-3 Gas vorheizen und den Boden etwa 25-30 min auf mittlerer Schiene leicht braun backen.

Die Knoblauchzehen ganz kleinschneiden. Die Tomaten abwaschen, halbieren und in Viertel schneiden. In einem Topf 1 EL Öl erwärmen, den Knoblauch darin andünsten, die Tomaten zufügen und alles etwa 6-8 min bei mittlerer Hitzezufuhr einkochen. Den Basilikum, Salz, Pfeffer und Chili zugeben und dann zur Seite stellen.

In einer Schüssel 1 l kaltes Wasser mit dem Zitronensaft vermischen. Nun die äußeren Blätter der Artischocke entfernen und sie abwaschen. Das obere Drittel der Artischocken abschneiden und die Stiele kürzen bis auf etwa 3-4 cm. Jetzt dünn bis zum Boden schälen und die Artischocken in der Länge in Viertel schneiden. Dabei das Heu entfernen. Die geschnittenen Artischocken kurz in das Zitronenwasser geben, danach abgießen und trocknen. In einer Pfanne das restliche Öl erhitzen und die Artischocken und den restlichen Knoblauch darin etwa 5-7 min bei mittlerer Hitzezufuhr andünsten. Alles mit Pfeffer und Salz abschmecken. Die Kirschtomaten abwaschen und halbieren. Den Mozzarella abgießen, trocken tupfen und in 6-8 dünne Scheiben schneiden.

Auf dem Pizzaboden das Sugo gleichmäßig verteilen und die Tomaten, den Mozzarella und die Artischocken darauf geben. Den Backofen auf 180 Grad Ober-/Unterhitze oder Stufe 2 – 3 Gas vorheizen, das Backblech hineinschieben und für etwa 8-10 min backen. Danach mit Chili bestreuen, mit 3 EL Pesto beträufeln und mit dem Basilikum garnieren. Noch warm mit dem restlichen Pesto servieren.

45. Pizza mit Parmaschinken und Mozzarella

Zutaten

Für 4 Portionen

Teig

10 g frische Hefe

450 g Pizza-Mehl, (Type 00)

1 gestr. Tl Salz

Mehl, zum Bearbeiten

Außerdem

Klarsichtfolie, eventuell 1 Pizzastein, Backpapier

Belag

3 Büffelmozzarella, (à 125 g)

3 Flaschentomaten

1 geschälte Tomaten, (San Marzano, 400 g)

Salz

Pfeffer

20 schwarze Oliven

10 Parmaschinken

3 El Olivenöl

Zeit

Arbeitszeit: 45-50 Min.

plus Gehzeit 2:20 Stunden plus Backzeit 30 Minuten

Nährwert

Pro Portion 901 kcal

Kohlenhydrate: 93 g

Eiweiß: 34 g

Fett: 43 g

Schwierigkeit

So wird es gemacht

In eine Schüssel 400 ml kaltes Wasser geben und die Hefe darin unter Rühren auflösen. Das Mehl sieben und mit dem Salz hinzufügen. Alles zu einem glatten Teig verarbeiten und diesen Teig auf einer bemehlten Arbeitsfläche etwa 8-12 min kräftig durchkneten. Den Teig in eine Klarsichtfolie wickeln und bei Zimmertemperatur etwa 80 min gehen lassen.
Auf der bemehlten Arbeitsfläche den Teig noch einmal durchkneten und in 4 gleich große Stücke teilen. Die Teigstücke separat in Schüsseln legen, mit etwas Mehl bestäuben und nochmals 60 min gehen lassen.
Wahlweise einen Pizza-Stein oder ein Backblech auf die unterste Schiene in den Backofen geben und diesen bei 250 Grad Ober-/Unterhitze, Stufe 5 Gas oder 250 Grad Umluft vorheizen.

Den Mozzarella abtropfen lassen und in dünne Scheiben schneiden. Die Stücke in ein Sieb legen und weitere 60 min abtropfen lassen. Laut Jürgen Büngener sollte der Mozzarella nun mit einem Küchenpapier abgetrocknet werden, damit die Molke nicht dafür sorgt, dass der Teig durchweicht. Die Tomaten abwaschen und in dünne Scheiben schneiden. Die Dosentomaten in eine Schüssel gießen, grob zerdrücken, dabei die Stielansätze von den Tomaten abschneiden und alles mit Pfeffer und Salz abschmecken.
Auf einer bemehlten Arbeitsfläche die einzelnen Teigkugeln zu runden Platten 20-25 cm Ø ausrollen und auf ein mit Backpapier ausgelegtes Backblech legen.
Jeweils eine Pizza mit 2 El Tomaten bestreichen und mit 2-3 Tomatenscheiben belegen. Die Pizza auf den Pizza Stein oder das Backblech geben und für etwa 3-5 min backen. Nun mit einem Viertel Oliven und Mozzarella belegen und weitere 3-5 backen. Wichtig ist dabei, dass der Mozzarella nicht braun wird, sondern nur leicht schmilzt. In der Zeit, wo die erste Pizza im Ofen ist, kann die nächste bereits belegt werden.
Nach dem Backen die Pizzen mit 2-3 Scheiben Parmaschinken belegen und im Anschluss mit 1 TL Öl beträufeln. Die Pizza noch warm servieren.
Tipp: Da der Schinken bei 250 Grad austrocknen und sein Aroma verlieren würde, empfiehlt es sich, ihn erst nach dem Backvorgang auf die Pizza zu legen.
Extra-Tipp: Wer nicht den kompletten Pizzateig benötigt, kann die Kugeln mit etwas Olivenöl bestreichen, in Klarsichtfolie wickeln und in den Gefrierschrank legen. Für die Verwendung einfach im Kühlschrank auftauen lassen und dann weiter verarbeiten.

46. Pilz-Schinken- Pizza

Zutaten

Für 2 Stücke

300 g Pizzateig, (Kühlregal, Backmischung oder selbst gemacht, siehe Rezept: Pizzateig)

225 g Pizzatomaten

Salz

Pfeffer

Zucker

1 Tl getrockneter Oregano

250 g Champignons

1 Zwiebel

125 g gekochter Schinken, (in Scheiben)

100 g mittelalter Gouda

Zeit

Arbeitszeit: 35-40 Min.

Nährwert

Pro Stück 754 kcal

Kohlenhydrate: 62 g, Eiweiß: 31 g und Fett: 40 g

Schwierigkeit

So wird es gemacht

Den Backofen bei 250 Grad Ober-/Unterhitze vorheizen und das Backblech hineinstellen. Den Pizzateig nach der Anleitung zubereiten und auf einer bemehlten Arbeitsfläche ausrollen. Die Pizzatomaten in eine Schüssel geben, mit Oregano, Pfeffer, Salz und 1 Prise Zucker pürieren.

Champignons säubern und in dünne Scheiben schneiden. Die Zwiebeln schälen, halbieren und kleinschneiden. Den Schinken in schmale Streifen schneiden und den Käse reiben.

Den Pizzateig in zwei Hälften teilen und auf einer bemehlten Arbeitsfläche jeweils zu einem Fladen mit einem Durchmesser von 24 cm ausrollen. Den Fladen auf ein Backpapier legen und etwas Tomatensauce darauf verteilen. Zum Schluss mit Käse Zwiebeln, Schinken und Zwiebeln belegen.

Die Pizza mit dem Backpapier auf ein Backblech legen und etwa 12-15 min auf der untersten Schiene backen. Die anderen Pizzen genauso verarbeiten. Zum Schluss die Pizzen mit Salz und Pfeffer würzen und mit Oregano bestreuen.

Tipp: Hochwertig und sicherlich etwas teurer ist der angeräucherte und gepökelte Kochschinken, der aus dem Hinterschinken vom Schwein stammt. Günstiger hingegen ist der Vorderschinken, der aus der Schulter kommt, da er grobfasriger und fetter ist.

47. Pizza mit Steinpilz

Zutaten

Für 3 Stücke

Teig

10 g frische Hefe

500 g Pizza-Mehl

Salz

Mehl zum Bearbeiten

Belag

20 g getrocknete Steinpilze

3 El Olivenöl

325 g geschälte Tomaten

Salz, Pfeffer

Zucker

425 g frische Steinpilze

2 Büffelmozzarella

125 g Fontina

50 g italienischer Hartkäse

1 Bund glatte Petersilie

Zeit

Arbeitszeit: 45-50 Min.

plus Gar- und Backzeiten 25-30 Minuten plus Gehzeiten 2:30 Stunden

Nährwert

Pro Einheit 568 kcal

Kohlenhydrate: 62 g

Eiweiß: 26 g

Fett: 22 g

Schwierigkeit

So wird es gemacht

In 300 ml lauwarmen Wasser die Hefe reinbröseln und solange rühren, bis sie sich aufgelöst hat. Danach Salz und Mehl zugeben und alles zu einem glatten Teig verarbeiten. Auf einer bemehlten Arbeitsfläche den Teig etwa 8-10 min kräftig durchkneten, luftdicht in eine Klarsichtfolie einwickeln und für 80-90 min bei Zimmertemperatur aufgehen lassen.

Auf der bemehlten Arbeitsfläche den Teig erneut durchkneten, teilen und zu 3 gleich großen Kugeln formen. Die Kugeln etwas mit Mehl bestäuben, in separate Schüsseln legen und weitere 60 min gehen lassen. Den Backofen auf 250 Grad Ober-/Unterhitze,

Stufe 5 Gas oder 250 Grad Umluft vorheizen und einen Pizza-Stein oder ein Backblech hineinstellen.

In eine Pfanne 1 EL Olivenöl geben und erwärmen. Die getrockneten Steinpilze kleinhacken und im Öl etwa 3-4 min andünsten. Bei den Tomaten die Stielansätze entfernen und die Tomaten etwas kleindrücken mit einer Gabel. Tomaten zu den Pilzen geben und mit Pfeffer, Salz und 1 Prise Zucker abschmecken.

Die frischen Steinpilze säubern und in dünne Scheiben schneiden. Den Mozzarella abtropfen lassen und in Scheiben schneiden. Die Fontina und den Hartkäse grob raspeln oder reiben. Die Petersilie von den Stielen befreien und kleinhacken.

Auf der bemehlten Arbeitsfläche die Teigkugeln jeweils zu runden Pizzen mit einem Durchmesser von etwa 20 cm ausrollen. Den Rand dabei nicht flach andrücken.

Den Tomaten-Pilz-Sugo auf die Pizzen streichen und mit 1/3 Pilze sowie den Käsesorten belegen.

Im vorgeheizten Backofen die Pizzen auf dem Backblech oder dem Pizza-Stein backen. Danach mit 1 TL Olivenöl beträufeln und mit der Petersilie garnieren. Noch warm servieren.

48. Grandiosa Pizza

Zutaten

Für 2 Portionen

Teig

1 Würfel frische Hefe (25 g)

1 Tl Zucker

225 g Mehl

0.5 Tl Salz

3 El Olivenöl

Tomatensauce

1 Dose stückige Tomaten, (400 g Füllmenge)

1 Tl getrockneter Oregano

Salz, Pfeffer und 1 Prise Zucker

4 El Olivenöl

Belag

80 g geriebener Gouda

1 rote Spitzpaprika

225 g gewürfelter Feta

10 eingelegte Peperoni, (120 g)

Zeit

Arbeitszeit: 25-30 Min.

plus Geh- und Backzeit

Nährwert

Pro Portion 1211 kcal

Kohlenhydrate: 101 g

Eiweiß: 38 g

Fett: 70 g

Schwierigkeit

So wird es gemacht

150 ml lauwarmes Wasser in eine Schüssel geben und die Hefe zusammen mit ½ Tl Zucker unter Rühren darin auflösen. Das Mehl mit Salz sowie 4 EL Olivenöl mischen und zu einem glatten Teig verarbeiten. Auf einer bemehlten Arbeitsfläche den Teig nochmals gut verkneten und an einem warmen Ort etwa 25-30 min zugedeckt gehen lassen.

Die Tomaten durch ein Sieb gießen, abtropfen lassen und zusammen mit Oregano, Pfeffer, Salz und 1 Prise Zucker in einer Schüssel verrühren. 2 El Olivenöl dazugeben und unterrühren.

Den Backofen auf 250 Grad Ober-/Unterhitze vorheizen. Den Teig nochmals auf einer bemehlten Arbeitsfläche gut durchkneten und den Teig in zwei Hälften teilen. Auf der Arbeitsfläche die Teige zu Fladen ausrollen und auf ein Backpapier legen. Die Fladen mit der Tomatensauce bestreichen.

Die Spitzpaprika waschen und in Ringe schneiden. Zusammen mit dem geriebenen Gouda, dem gewürfelten Fetakäse und der Peperoni belegen. Das Backpapier mit der Pizza auf das Backblech legen und etwa 12-15 min auf der unteren Schiene backen.

49. Bayerische Pizza

Zutaten

Für 4 Portionen

1 Dose Sauerkraut, (3-Minuten-Sauerkraut; 350 g Abtropfgewicht)

1,5 Tl Kümmelsaat

250 g Schmand

2 El süßer Senf

Salz, Pfeffer

2-4 Scheiben Leberkäse, (bayerisch; 250 g)

1 Pk. Pizza-Teig, (400 g, Kühlregal)

125 g Butterkäse

Zeit

Arbeitszeit: 15-20 Min.

plus Back- und Ruhezeit

Nährwert

Pro Portion 618 kcal

Kohlenhydrate: 45 g

Eiweiß: 23 g

Fett: 36 g

Schwierigkeit

So wird es gemacht

Den Sauerkraut etwas ausdrücken, mit dem Kümmel mischen und zur Seite stellen. Den Senf und den Schmand unterrühren und mit Pfeffer und Salz abschmecken. Den Leberkäse in 2-3 cm große Stücke schneiden.

Den Pizzateig auf einem Backblech ausrollen und mit dem Senfschmand bestreichen. Das Sauerkraut gleichmäßig auf dem Boden verteilen und mit dem Leberkäse bestreuen.

Den Backofen auf 220 Ober-/Unterhitze oder 200 Grad Umluft vorheizen. In der Zwischenzeit den Käse grob raspeln oder reiben und die Pizza damit belegen.

Das Backblech für etwa 15-20 min auf der unteren Schiene backen. Danach etwa 4-5 min ruhen lassen, dann anschneiden und noch warm servieren.

50. Pizza mit Tomaten

Zutaten

Für 8 Portionen

Pizzateig

10 g frische Hefe

450 g Pizzamehl, (Type 00; z.B. Aurora)

Salz

4 El Olivenöl

Meersalz

2 El Rosmarinnadeln

Tomatensalat

750 g gemischte Tomaten

35 g Pinienkerne, (geröstet)

701 g schwarze Oliven, (in Öl, ohne Stein, abgetropft)

Salz, Pfeffer

Zucker

4 El Rotweinessig

6 El Olivenöl

3 Stiele Basilikum

Zeit

Arbeitszeit: 35-40 Min.

plus Backzeit 30-35 Minuten plus Gehzeit 2,5 Stunden

Nährwert

Pro Portion 383 kcal

Kohlenhydrate: 47 g

Eiweiß: 8 g

Fett: 17 g

Schwierigkeit

So wird es gemacht

In 250 ml lauwarmen Wasser die Hefe auflösen. Danach Mehl und ½ Salz zufügen und alles zu einem glatten Teig verarbeiten. Auf einer bemehlten Arbeitsfläche den Teig etwa 5-10 min kräftig durchkneten, in einer Klarsichtfolie luftdicht einwickeln und für etwa 100 min bei Zimmertemperatur gehen lassen.

Den Teig auf der bemehlten Arbeitsfläche nochmals gut durchkneten und in drei gleiche Teile teilen. Jede Portion zu Kugeln formen, erneut in Klarsichtfolie wickeln und nochmals 60 Minuten bei Zimmertemperatur aufgehen lassen.

In der Zwischenzeit die Tomaten abwaschen, trocknen und in kleine Stücke schneiden. Die Oliven von den Kernen befreien und mit den Pinienkernen mischen. Etwa 20 min vor dem Servieren mit Zucker, Essig, Salz, Pfeffer und Olivenöl abschmecken.

Auf der bemehlten Arbeitsfläche eine Teigkugel von innen nach außen zu einem runden Fladen ausrollen, wobei ein dünner Rand stehen bleiben sollte. Den Fladen mit ein wenig Rosmarinnadeln, Meersalz sowie 1 TL Oliven beträufeln. Den Backofen auf 230 Ober-/Unterhitze oder Stufe 4-5 Gas vorheizen, den Fladen auf ein Backblech geben und für etwa 8-10 min auf der untersten Schiene backen. Die restlichen Teigrollen genauso verarbeiten.

Die fertigen Fladen aus dem Ofen nehmen und mit dem Tomatensalat belegen. Die Basilikumblätter von den Stielen befreien und auf den Fladen gleichmäßig verteilen. Die Pizza in Stücke schneiden und beispielsweise mit Salsicca servieren (s. Rezept: Salsiccia-Gemüse-Zange).

Tipp: Backpapier sollte vermieden werden, da es in der Regel nur bis 220 Grad hitzebeständig ist. Alternativ zum Backofen kann auch ein Kugelgrill oder ein Pizza-Stein verwendet werden. Der Kugelgrill benötigt etwa 230-240 Grad und sollte mit geschlossenem Deckel genutzt werden.

51. Hitzige Pizza mit Avocado

Zutaten

Für 2 Portionen

Teig

1 Würfel frische Hefe, (25 g)

0.5 Tl Zucker

240 g Mehl

1 Tl Salz

3 El Olivenöl

Tomatensauce

1 Dose stückige Tomaten, (400 g Füllmenge)

1 Tl getrockneter Oregano

Salz

1 Prise Zucker

Pfeffer

2 El Olivenöl

Belag

1 rote Pfefferschote

1 rote Zwiebel

200 g Mett

3 El Öl

80 g geriebener Gouda

1 reife Avocado

2 Tl Limettensaft

Salz, Pfeffer

Zeit

Arbeitszeit: 35-40 Min.

plus Gehzeit

Nährwert

Pro Portion 1290 kcal

Kohlenhydrate: 102 g

Eiweiß: 37 g

Fett: 79 g

Schwierigkeit

So wird es gemacht

150 ml lauwarmes Wasser in eine Schüssel geben und die Hefe zusammen mit dem Zucker darin auflösen. Mehl, Salz und 3 EL Olivenöl dazugeben und alles zu einem glatten Teig verarbeiten. Auf einer bemehlten Arbeitsfläche nochmals kräftig durchkneten und für etwa 20-25 min an einem warmen Ort aufgehen lassen.

Die Tomaten aus der Dose in einem Sieb abgießen und gut abtropfen lassen. Die Tomaten in eine Schüssel geben und zusammen mit 2 EL Olivenöl, 1 Prise Zucker, Salz, Pfeffer und Oregano verrühren.

Den Backofen auf 250 Grad Ober-/Unterhitze vorheizen und ein Backblech hineinschieben. In der Zwischenzeit die Pfefferschote waschen und in kleine Ringe schneiden. Die Zwiebel schälen und in dünne Scheiben schneiden. In einer Pfanne 2 EL Öl erhitzen und darin das Mett krümelig anbraten. Danach auf ein Küchenpapier geben und abtropfen lassen.

Auf einer bemehlten Arbeitsfläche den Teig in zwei gleich große Teile teilen und jeweils einen Teil zu einer 20 cm großen Kugel formen und dünn ausrollen. Den Teigfladen auf ein Backpapier geben, mit Tomatensauce bestreichen und den Käse gleichmäßig darauf verteilen. Belegen mit den Mettstückchen, den Zwiebeln und den Pfefferschoten und das Backpapier auf das heiße Backblech ziehen. Die Pizzen etwa 10-13 min auf mittlerer Schiene gut überbacken.

Die Avocado abwaschen, halbieren, den Kern herausnehmen und das Fruchtfleisch herausschälen. Das Fruchtfleisch würfeln, mit Salz, Pfeffer und Limettensaft abschmecken und die fertigen Pizzen damit belegen.

52. Salsiccia und Fenchel - Pizza

Zutaten

1 Pizza-Grundteig, (s. Rezept "Pizza-Grundteig")

1 Dose geschälte Tomaten

5 Salsicce, (italienische Würste, à 80 g)

1 Fenchelknolle, (225 g)

1 Tl Fenchelsaat

5 Tl Kapern, (in Lake)

160 g schwarze Oliven, (ohne Stein, in Öl)

125 g Parmesan, (im Stück)

5 Tl Olivenöl extra Vergine

Zeit

Arbeitszeit: 55-60 Min.

plus Gehzeit 1 Stunde, plus Backzeit 10 Minuten

Nährwert

1045 kcal

Kohlenhydrate: 125 g

Eiweiß: 40 g

Fett: 41 g

Schwierigkeit

So wird es gemacht

Den Teig nach Packungsanleitung zubereiten, gehen lassen und zu einer runden Form dünn ausrollen.

Die Tomaten aus der Dose in eine Schüssel geben, Hautreste entfernen und die Stielansätze abschneiden. Das Fruchtfleisch etwas zerdrücken. Bei der Salsicce die Haut abziehen und grob würfeln. Den Fenchel abwaschen, in dünne Scheiben hobeln und zu den Tomaten geben. Beides etwa 3-5 min mit den Händen gut vermischen, in ein Sieb geben und abtropfen lassen. Danach die Fenchelsaat grob zerstoßen, den Parmesan grob hobeln oder schneiden und die abtropfen lassen.

Die Pizzen auf ein Backblech legen und mit 2 EL Tomaten bestreichen. Mit etwas Fenchelsaat, Fenchel und einem Teil der Wurst belegen. Den Backofen auf 250 Ober-/Unterhitze, Stufe 5-6 Gas oder 250 Grad Umluft vorheizen, die Bleche hineinschieben und etwa 3-5 min backen lassen. Danach mit Oliven und Kapern belegen, mit Parmesan bestreuen und weitere 3-5 min im Backofen backen. Die Pizzen mit 1 TL Olivenöl beträufeln und in gleichgroße Stücke schneiden. Noch warm servieren.

Italienische Rezepte mit Fleisch

53. Schweinerollbraten mit Basilikum gefüllt

Zutaten

Für 8 Portionen

10 junge Knoblauchzehen

150 ml Milch

20 g Basilikum

Salz

80 g Semmelbrösel

25 g italienischer Hartkäse, (z. B. Pecorino; fein gerieben)

8 El Olivenöl

Pfeffer

35 g Pancetta, (in Scheiben; ersatzweise durchwachsener Speck)

1.25 kg Schweinerollbraten, (aus dem Nacken; vom Metzger zuschneiden lassen)

5 getrocknete Tomaten (in Öl)

350 g Zwiebeln

5 El Pflanzenöl

225 ml Weißwein

375 ml Rinderfond

4 Lorbeerblatt

800 g kleine festkochende Bio-Kartoffeln

5 geriffelte Tomaten, (à 80-100 g)

Zeit

Arbeitszeit: 55-60 Min.

plus Garzeit 3 Stunden plus Ziehzeit 25 Minuten

Nährwert

Pro Portion 708 kcal

Kohlenhydrate: 26 g

Eiweiß: 43 g

Fett: 46 g

Schwierigkeit

So wird es gemacht

Die Milch auf dem Ofen erwärmen. Den Knoblauch schälen und für etwa 25 min zur Milch geben. Salzwasser zum Kochen bringen, Basilikumblätter von den Stielen befreien und diese im Wasser blanchieren. Danach abschrecken und kräftig ausdrücken. Semmelbrösel zusammen mit dem Basilikum pürieren, bis eine hellgrüne Farbe entstanden ist. Käse und 4 EL Olivenöl in eine Schüssel geben, die Brösel hineinfüllen und mit Pfeffer und Salz abschmecken. Die Pancetta in 2-3 Stücke quer schneiden.

Die Oberseite vom Rollbraten mit Pfeffer und Salz würzen. Auf das mittlere Stück die Pancetta dicht nebeneinander legen und mit den Bröseln belegen. Die Brösel leicht andrücken und darauf die Tomaten legen. Von der dicken Seite aus das Fleisch zusammenrollen und fest zubinden. Am besten eignet sich dafür Küchengarn.

Die Zwiebeln schälen und dünne Scheiben schneiden. In einem Bräter 2 EL Pflanzenöl erhitzen, den Rollbraten von allen Seiten mit Salz würzen und im Öl etwa 3-4 min bei starker Hitzezufuhr von beiden Seiten anbraten. Danach mit Pfeffer würzen und herausnehmen. Das restliche Öl zusammen mit den Zwiebeln im Bräter verteilen und etwa 2-3 min kräftig andünsten lassen. Nun mit dem Weißwein ablöschen und gut einkochen lassen. Das Lorbeerblatt, 150 ml Wasser und den Fond zum Rollbraten geben. Den Backofen auf 160 Grad Ober-/Unterhitze oder Stufe 1-2 Gas vorheizen und den Rollbraten für etwa 120 min auf der mittleren Schiene garen lassen. Zwischendurch den Braten mit dem Bratensaft bestreichen und wenden.

Salzwasser zum Kochen bringen und die ungeschälten Kartoffeln darin etwa 15-20 garen. Das Wasser abgießen und die Haut noch warm abziehen. Vor dem Halbieren der Kartoffeln diese etwas auskühlen lassen. In der Zwischenzeit den Knoblauch abgießen, abspülen und leicht trocken tupfen.

In einer beschichteten Pfanne das restliche Olivenöl erhitzen und die Kartoffeln etwa 6-8 min bei mittlerer bis starker Hitzezufuhr anbraten. Mit Pfeffer und Salz würzen und zwischendurch wenden. Kurz vor Ende der Garzeit den Knoblauch zugeben. Die Tomaten abwaschen, von den Stielansätzen befreien und halbieren. Ungefähr 4-6 vor dem Garende die Tomaten zum Rollbraten hinzufügen.

Das Fleisch herausnehmen, in Alofolie einwickeln und etwa 8-10 min beiseitestellen. Nun in eine Fettkanne vorsichtig die Sauce geben und damit einfetten. Das Garn von dem Braten entfernen, den Rollbraten in fingerdicke Stücke schneiden und zusammen mit den Kartoffeln und der Sauce in den Bräter geben. Am besten schmeckt dazu Mangoldgemüse (s. Rezept: Salsiccia mit Mangold und Senfzwiebeln).

Die Kartoffeln und die Füllung für den Braten können bereits im Vorfeld vorbereitet werden, da die Garzeit ohnehin sehr lang ist. Wenn von dem Braten etwas übrigbleibt, lässt er sich in Klarsichtfolie einwickeln und in den Kühlschrank stellen. Am nächsten Tag einfach auf einen Teller legen, in dünne Scheiben schneiden und mit etwas Öl-Essig-Marinade beträufeln. Am besten zusammen mit einem gemischten Salat reichen.

54. Porchetta

Zutaten

Für 8 Portionen

Rollbraten

1 Jungschwein- oder Spanferkelrücken, (ca. 3,5 kg)

1 Knoblauchzehe

Meersalz

2 Zweige Rosmarin

Saft eine Bio-Zitrone

12 Scheiben Lardo, (italienischer fetter Speck; ersatzweise grüner Speck)

Gemüse

1 kg fest kochende Kartoffeln

10 El Olivenöl

1 Lorbeerblatt

Meersalz

350 g Schalotten

1 Tl Fenchelsaat

2 rote Paprikaschoten

6 Tomaten, (à 100 g; z.B. nicht ganz reife Vierländer Platte)

Pfeffer

1 Zweig Rosmarin

Zeit

Arbeitszeit: 50-60 Min.

plus Garzeit 2:20-3 Stunden

Nährwert

Pro Portion 758 kcal

Kohlenhydrate: 20 g

Eiweiß: 57 g

Fett: 48 g

Schwierigkeit

So wird es gemacht

Den Schweinerücken vom Rippenknochen vorsichtig lösen, so dass die beiden Rückenfilets zusammenhängend bleiben.

Den Knoblauch schälen, grob zerkleinern, mit dem Meersalz verrühren und eine Paste entstehen lassen.

Die Rosmarinnadeln von den Zweigen trennen. Einen Teil des Rosmarins zusammen mit dem Abrieb einer Zitronenschale zu Paste geben und alles gut zerhacken.

Mit der Schwarte nach unten den Schweinerücken auf die Arbeitsfläche legen. Die Gewürzpaste dazu verwenden, um die Fleischseite mit einzureiben. Das Fleisch mit Rosmarin und Speckscheiben versetzt belegen. Nun das Fleischstück zusammenklappen und fest zusammenbinden. Am besten eignet sich dafür Küchengarn. Den Braten auf einen Grillspieß geben, gut festmachen und im Grill befestigen. Bei mittlerer Hitzezufuhr wird nun die Porchetta etwa 150 – 180 min gegrillt, bis sie knusprig ist.

Die Kartoffeln abwaschen und sehr große Kartoffeln in der Hälfte einmal durchschneiden. 3 EL Olivenöl zusammen mit etwa Meersalz und dem Lorbeerblatt in eine Auflaufform geben und gut mischen. In einer weiteren Auflaufform den Fenchel mit 2 EL Olivenöl geben und gut verrühren. Die Paprika abwaschen, vierteln, von den Kernen befreien und mit der offenen Seite in die Auflaufform legen. Die Tomaten waschen und halbieren und auf der Paprika verteilen. Mit dem restlichen Olivenöl beträufeln und mit Pfeffer und Salz würzen. Die Rosmarinnadeln von den Zweigen entfernen und alles damit garnieren.

Ungefähr 30 bis 45 min vor Ende der Garzeit, die Auflaufformen auf den Grillrost geben und mitgaren. Dabei ist es wichtig zu wissen, dass die Tomaten-Paprika 18-20 min, die Schalotten etwa 25-30 und die Kartoffeln etwa 40-45 min benötigen.

55. Hähnchen-Gratin

Zutaten

Für 3 Portionen

450 g Kartoffeln

Salz

3 rote Paprikaschoten, (350 g)

450 g Hähnchenbrustfilets

Pfeffer

3 El Öl

1 Tl edelsüßes Paprikapulver

1 Tl getrockneter Oregano

125 ml Schlagsahne

125 ml Milch

3 Eier , (Kl. M)

50 g ital. Hartkäse, z.B. Parmigiano reggiano, frisch gerieben)

1 Stiel Basilikum

Zeit

Arbeitszeit: 20-25 Min.

plus Backzeit

Nährwert

Pro Portion 526 kcal

Kohlenhydrate: 23 g

Eiweiß: 45 g

Fett: 27 g

Schwierigkeit

So wird es gemacht

Die Kartoffeln schälen und quer und längs halbieren. Salzwasser zum Kochen bringen und die Kartoffeln darin etwa 18-22 min garen.

Die Paprika abwaschen, in der Länge halbieren und entkernen. Danach in etwa 2 cm würfeln. Das Hähnchenfleisch grob in 3 cm große Würfel schneiden und anschließen gut mit Pfeffer und Salz würzen.

In einer beschichteten Pfanne das Öl erwärmen und das darin das Fleisch rundum etwa 4-6 min goldbraun anbraten. Die Paprikastücke hinzufügen und weitere 3-5 min garen. Alles mit Oregano, Salz und Paprikapulver abschmecken.

Die Kartoffeln in einem Sieb abgießen und mit der Paprika und dem Fleisch vermischen. Danach in eine etwa 30x20 cm große Auflaufform geben.

Eier, Milch und Sahne in einer Schüssel miteinander verquirlen. Mit Salz und Pfeffer würzen und mit dem Käse vermischen. Die Mischung über das Hähnchen geben. Den Backofen auf 200 Grad Ober-/Unterhitze vorheizen, das Hähnchen auf die untere Schiene stellen und etwa 25-30 min backen.

Die Basilikumblätter von den Stielen befreien und den Auflauf damit belegen.

Tipp: Die Kartoffeln können auch schon am Vortag zubereitet werden. Dadurch verkürzt sich die So wird es gemachtszeit und der Auflauf ist noch schneller fertig.

56. Ossobuco

Zutaten

Für 4 Portionen

2 Zwiebeln und 1 Knoblauchzehe

3 Möhren

4 Stangen Staudensellerie, (mit Grün)

5 Kalbshaxenscheiben:, (à ca. 250 g, 2-3 cm dick)

Salz, Pfeffer

2 El Olivenöl

1,5 El Tomatenmark

1,5 El Mehl

175 ml Weißwein

1 Tl fein abgeriebene Bio-Zitronenschale

1 Tl Zitronensaft

Zeit

Arbeitszeit: 25-30 Min. plus Garzeit

Nährwert

Pro Portion 426 kcal

Kohlenhydrate: 8 g, Eiweiß: 41 g und Fett: 24 g

Schwierigkeit

So wird es gemacht

Die Zwiebeln schälen, halbieren und kleinschneiden. Den Knoblauch schälen und fein würfeln. Die Möhren abschaben oder schälen, halbieren und in 2-3 cm große Stücke schneiden. Bis auf 2 Selleriestangen, den Sellerie abwaschen und grob würfeln.

In einem Bräter das Öl erhitzen. In der Zwischenzeit die Kalbshaxenscheiben pfeffern und salzen und im Öl beidseitig etwa 2-4 gut anbraten. Danach herausnehmen und beiseitestellen. Nun die Möhren, den Sellerie sowie die Zwiebeln und den Knoblauch in den Bräter geben und etwa 2-4 min bei mittlerer Hitzezufuhr andünsten. Das Tomatenmark einrühren, mit Mehl bestäuben und kurz mitdünsten. Mit dem Weißwein ablöschen, mit dem Wasser im Anschluss aufkochen lassen und über den Braten gießen. Den Backofen auf 180 Grad Ober-/Unterhitze vorheizen, das Fleisch abdecken und etwa 60 min auf mittlerer Schiene schmoren lassen. Danach den Deckel entfernen und weitere 25 min garen.

In der Zwischenzeit den Staudensellerie zusammen mit dem Grün zerhacken und mit dem Zitronensaft und dem Abrieb der Zitrone vermischen. Das fertige Ossobuco mit Pfeffer und Salz abschmecken und mit der Zitronen-Sellerie-Mischung garnieren. Noch warm servieren.

Tipp: Wenn das Fleisch sich von Knochen löst und leicht zerfällt, ist es gut durchgegart.

57. Schweineschnitzel mit Parmesan-Sauce

Zutaten

Für 2 Portionen

30 g Parmesan, (z.B. Grana Padano)

2 Schweineschnitzel, (à 180 g)

2 El neutrales Öl

2 Scheiben Parmaschinken

8 Salbeiblätter

Salz

Pfeffer

125 ml Weißwein

175 ml Schlagsahne

Zitronensaft

Zeit

Arbeitszeit: 15-20 Min.

Nährwert

Pro Portion 733 kcal

Kohlenhydrate: 3 g

Eiweiß: 48 g und Fett: 57 g

Schwierigkeit

So wird es gemacht

In einer Pfanne 1 EL Öl erwärmen. Die Schnitzel in drei gleichgroße Stücke schneiden und mit Pfeffer und Salz würzen. Den Schinken zum Öl geben und jeweils 1 min beidseitig bei mittlerer bis starker Hitzezufuhr anbraten. Den Schinken herausnehmen und auf ein Küchenpapier legen. In der Pfanne das restliche Öl erwärmen und die Salbeiblätter darin anbraten lassen, bis sie knusprig sind. Herausnehmen und ebenfalls auf ein Küchenpapier legen.

Die Schnitzel in die Pfanne geben und beidseitig etwa 2 min bei mittlerer bis starker Hitzezufuhr anbraten. Erst mit dem Wein ablöschen, dann die Sahne zugeben und etwa 2 min köcheln lassen. Den Käse reiben und die Hälfte unter die Sauce geben. Abschließend mit 1 Spritzer Zitronensaft sowie Pfeffer und Salz abschmecken.

Den Schinken grob zerteilen und zusammen mit den Schnitzeln und der Parmesan-Sauce auf Tellern anrichten. Mit dem restlichen Käse und den Salbeiblättern garnieren und noch warm servieren. Dazu passt hervorragend Weißbrot oder Bandnudeln.

58. Oliven Medaillons

Zutaten

Für 2 Portionen

2 kleine Schweinefilets, (à ca. 250 g)

25 g Pinienkerne

20 g schwarze Oliven, (ohne Stein)

0.5 Bund glatte Petersilie

2 El Semmelbrösel

3 El weiche Butter

1 Tl mittelscharfer Senf

Pfeffer, Salz

2 El Öl

Zeit

Arbeitszeit: 20-25 Min.

Nährwert

Pro Portion 454 kcal

Kohlenhydrate: 12 g

Eiweiß: 48 g

Fett: 23 g

Schwierigkeit

So wird es gemacht

Oliven von den Steinen befreien und zusammen mit den Pinienkernen und der Petersilie kleinhacken. Mit Pfeffer, Salz, Semmelbröseln und Senf in eine Schüssel geben und alles vorsichtig miteinander vermischen.

Den Backofen auf 220 Grad Ober-/Unterhitze oder 200 Grad Umluft vorheizen. Das Schweinefilet in etwa 3 cm dicke Medaillons schneiden, etwas andrücken und mit Salz würzen. In einer Pfanne das Öl erhitzen und die Medaillons beidseitig etwa 1 min anbraten.

Das Fleisch auf ein Backblech geben und mit der Bröselmischung bestreuen. Für etwa 8-10 min im Backofen auf der obersten Schiene überbacken.

Vor dem Servieren das Fleisch auf Tellern anrichten und etwa 2-4 min ruhen lassen. Zusammen mit den Rosmarin-Kartoffeln noch warm servieren.

59. Hähnchenbrust genovese

Zutaten

Für 2 Portionen

2 kleine Hähnchenbrustfilets, (à ca. 175 g)

Salz

2 El Öl

175 g grüne Bohnen

1 Bund Basilikum, (60 g)

1 kleinen Knoblauchzehe

Salz, Pfeffer

3 El Olivenöl

1 Dose gemischte Bohnenkerne, (280 g Abtropfgewicht)

2 El Butter

Zeit

Arbeitszeit: 10-15 Min.

Nährwert

Pro Portion 706 kcal

Kohlenhydrate: 28 g

Eiweiß: 50 g und Fett: 42 g

Schwierigkeit

So wird es gemacht

Das Öl in einer großen Pfanne erhitzen, die Hähnchenbrustfilets salzen und in der Pfanne etwa 3-5 min zugedeckt anbraten.

Die Bohnen abwaschen. Salzwasser zum Kochen bringen und die Bohnen darin etwa 3-5 garen. Von dem Basilikum die dickeren Stiele entfernen und ein paar Blättchen zur Seite legen. Den Rest mit 3 EL Olivenöl, Pfeffer, der Knoblauchzehe, 3 EL warmen Wasser und etwas Salz fein pürieren.

Die Dose mit den Bohnenkernen in einem Sieb abtropfen lassen und abspülen. Dazu die grünen Bohnen gießen und erneut abtropfen lassen. Die Bohnenmischung zusammen mit etwas Butter zum Fleisch hinzufügen und etwa 2-4 min garen lassen.

Zu guter Letzt mit der Basilikumpaste das Fleisch bestreichen und mit den übriggebliebenen Basilikumblättchen und den Bohnen noch warm servieren.

60. Wild-Schwein-Ragout

Zutaten

Für 6 Portionen

Ragout

45 g getrocknete Physalis

5 El Orangenlikör

45 g Pinienkerne

25 g Zitronat

1 kg Wildschweinfleisch, (aus der Keule)

350 g Zwiebeln

250 g Bundmöhren

275 g Knollensellerie

2 Frühlingszwiebeln

5 El Öl

Salz, Pfeffer

1,5 El Tomatenmark

225 ml roter Portwein

175 ml Rotwein

450 ml Wildfond

6 Wacholderbeeren

1 Gewürznelken

1 frisches Lorbeerblatt

8 Stiele Thymian

1,5 El Speisestärke

5 g Zartbitterkuvertüre, (70 % Kakao)

Polenta

500 ml Milch

Salz

Muskat

150 g Polenta, (Maisgrieß)

25 g Butter

25 g Parmesan, (fein gerieben)

Zeit

Arbeitszeit: 60-70 Min.

plus Garzeit 2 Stunden

Nährwert

Pro Portion 702 kcal

Kohlenhydrate: 40 g

Eiweiß: 42 g

Fett: 37 g

Schwierigkeit

So wird es gemacht

Likör in eine Schüssel geben und die Physalis für etwa 20-25 min darin einweichen. In einer beschichteten Pfanne in der Zwischenzeit die Pinienkerne leicht anrösten. Das Fleisch in 3-4 cm große Stücke schneiden. Die Zwiebeln schälen und kleinhacken. Die Möhren und den Sellerie schälen und würfeln. Die Frühlingszwiebeln abwaschen und vollständig in dünne Scheiben schneiden.

In einem Bräter 2 EL erwärmen und darin etwa 3-4 min das Fleisch bei starker Hitzezufuhr rundherum anbraten. Vor dem Herausnehmen mit Pfeffer und Salz würzen. Nun in dem Bräter das restliche Öl erhitzen und darin die Zwiebeln etwa 3-4 min glasig andünsten. Nun für etwa 5 min die Möhren und den Sellerie zugeben. Das Tomatenmark einrühren und für etwa 20 Sek. mitgaren. Alles mit dem Rot- und dem Portwein ablöschen und gut einkochen lassen. Das Fleisch zufügen und mit 200 ml Wasser sowie dem Fond auffüllen. Den Backofen auf 160 Grad Ober-/Unterhitze oder Stufe 1-2 Gas vorheizen und das

Fleisch für etwa 100-120 min auf der mittleren Schiene garen. Die Nelke und den Wacholder etwas zermahlen und zusammen mit dem Thymian und dem Lorbeerblatt nach etwa 50-55 min Garzeit zum Fleisch geben.

Nun das Fleisch herausnehmen und in Alufolie einwickeln. In den ausgeschaltete Backofen legen und dort warmhalten. Die Sauce durch ein feines Sieb gießen und in einem Topf auf etwa 450 ml einkochen lassen. Die Stärke mit etwas kaltem Wasser binden, dazugeben und bei mittlerer Hitzezufuhr und offenem Deckel etwa 3-4 min einkochen. Die Hälfte der Physalis abtropfen lassen und zusammen mit dem Zitronat und den Pinienkernen fein mahlen. In die heiße Sauce die Kuvertüre sowie das Fleisch und die restlichen Physalis geben. Alles gut warmhalten.

600 ml Wasser mit Muskat, Salz und Milch aufkochen lassen. Dabei die Polenta einrieseln lassen und gut verrühren. Die Hitze reduzieren und die Polenta weitere 8-10 min unter regelmäßigem Rühren bei kleiner Hitzezufuhr garen. Parmesan und Butte erst kurz vor dem Servieren einrühren.

Das Ragout mit der Polenta auf den Tellern anrichten und mit den Zitronat-Bröseln bestreuen. Sehr gut passt dazu Mangold (s. Tipp).

Den Mangold waschen, die mittleren Rippen entfernen und die Blätter kleinschneiden. Zusammen mit der Butter in einer Pfanne leicht andünsten, mit 100 ml Mineralwasser ablösen und weitere 3-4 min bei mittlerer Hitzezufuhr garen.

61. Hähnchen mit Zitronen

Zutaten

Für 4 Portionen

4 Hähnchenkeulen, (à 250 g)

2 Zwiebeln

1 Bio-Zitrone

8 Stiele Thymian

Salz

Pfeffer

125 ml Weißwein

4 El Olivenöl

3 Stiele glatte Petersilie

Zeit

Arbeitszeit: 50-60 Min.

Nährwert

Pro Portion 477 kcal

Kohlenhydrate: 2 g

Eiweiß: 36 g

Fett: 35 g

Schwierigkeit

So wird es gemacht

Die Hähnchenkeulen im Gelenk zur Hälfte durchschneiden und mit Pfeffer und Salz rundherum würzen. Die Zwiebeln schälen, halbieren und in dünne Scheiben schneiden. Die Zitrone abwaschen und in Viertel schneiden. Den Thymian grob zerhacken.

Wein, Zitronensaft, Olivenöl, Thymian und Zwiebeln in einer Schüssel gut verrühren und auf einem Backblech gleichmäßig verteilen. Den Backofen auf 200 Grad Ober-/Unterhitze vorheizen und die Mischung etwa 40 min auf mittlerer Schiene garen.

Die Petersilie grob zerhacken und das Zitronenhähnchen damit garnieren. Dazu passt hervorragend frisches Baguette.

Tipp: Sollten ZItronen mit Schale verarbeitet werden, sollten Bio-Zitronen verwendet werden, da diese, laut EG-Öko-Verordnung, naturbelassen sein sollen. Alle anderen Zitronen sind unbehandelt und enthalten häufig große Mengen an Schadstoffen.

62. Basilikum Hackbällchen in Tomaten -Sugo

Zutaten

Für 8 Portionen

Hackbällchen

75 g altbackenes Weißbrot

5 Stiele Basilikum

250 g gemischtes Hack

2 Eigelb, (Kl. M)

3 El Semmelbrösel

Salz

Pfeffer

Sugo

225 g weiße Zwiebeln

2 Knoblauchzehe

100 g Staudensellerie

75 g Bio-Möhren

1 rote Chilischote

1 geschälte Tomaten, (800 g)

5 El Olivenöl

1,5 El Tomatenmark

Salz

Pfeffer

Zucker

2 Stiele glatte Petersilie

Zeit

Arbeitszeit: 25-30 Min.

plus Garzeit 60 Minuten

Nährwert

Pro Portion 188 kcal

Kohlenhydrate: 10 g

Eiweiß: 7 g

Fett: 13 g

Schwierigkeit

So wird es gemacht

Das Brot in warmem Wasser einweichen. Die Basilikumblätter von den Stielen befreien und kleinhacken.

Das Brot gut ausdrücken und zusammen mit Hackfleisch, Basilikum, Semmelbröseln und Eigelb gut vermischen. Mit Pfeffer und Salz abschmecken und daraus etwa 12-15 Kugeln formen. Auf einen Teller legen und kaltstellen.

Knoblauch und Zwiebeln schälen und kleinschneiden. Den Sellerie abwaschen, entfädeln und in kleine Würfel schneiden. Möhren schälen und würfeln. Chilischote abwaschen und kleinhacken. Die Tomaten in einem Sieb abgießen, dabei den Saft auffangen und die Tomaten kleinschneiden.

In einem Topf das Öl erhitzen und darin bei mittlerer Hitze den Knoblauch und die Zwiebeln etwa 2-3 min andünsten. Nun die Möhren, den Chili und den Sellerie hinzufügen und nochmals etwa 4 min mitgaren. Das Tomatenmark mit einrühren und 30 Sek. andünsten. Jetzt den Tomatensaft und die Tomaten zufügen und etwa 50-60 min bei mittlerer Hitzezufuhr köcheln lassen. Alles mit 1 Prise Zucker, Pfeffer und Salz abschmecken.

Die fertigen Hackfleischbällchen in das Sugo geben und bei offenem Deckel etwa 10-12 min garen lassen. Den Inhalt nicht umrühren, dafür aber den Topf hin und wieder leicht schüttteln. Die Petersilienblätter kleinhacken und die Hackbällchen damit garnieren. Dazu schmeckt sehr gut Weißbrot.

Desserts

63. Tiramisu - Nougat

Zutaten

Für 6 Portionen

1 Bio-Zitrone

1 Blatt weiße Gelatine

250 g Erdbeeren

125 g Puderzucker

3 El Limoncello, (italienischer Zitronenlikör; ersatzweise Orangenlikör)

125 g Nuss-Nougat-Masse

225 g Speisequark, (20 %)

275g Mascarponc

250 ml Schlagsahne

225 g Löffelbiskuits

100 ml starker Espresso, (kalt)

Kakaopulver

Zeit

Arbeitszeit: 40-45 Min.

plus Kühlzeit mindestens 2,50 Stunden

Nährwert

Pro Portion 634 kcal

Kohlenhydrate: 57 g

Eiweiß: 13 g

Fett: 38 g

Schwierigkeit

So wird es gemacht

Die Zitrone abwaschen, abreiben und den Abrieb in eine Schüssel geben. Nun die Zitrone auspressen und 2 EL Saft zum Abrieb geben.

In kaltem Wasser die Gelatine einweichen. Die Erdbeeren abwaschen und mit dem Puderzucker sowie dem restlichen Zitronensaft sehr fein pürieren. Das Limencello etwas erwärmen und die Gelatine darin auflösen. Vorher sollte sie gut ausgedrückt werden. Direkt mit der Erdbeersauce verrühren und in den Kühlschrank stellen.

Den Nougat grob hobeln oder raspeln. Die Zitronenabrieb zusammen mit der Mascarpone, dem Quark und dem restlichen Puderzucker mit einem Handrührgerät auf höchster Stufe etwa 3-4 min aufschlagen. Das Nougat dazugeben und verrühren. Nun die Sahne steif schlagen und ebenfalls vorsichtig unterheben. Die fertige Creme in den Kühlschrank stellen.

Den Löffelbiskuit in eine etwa 25 x 20 cm große Auflaufform legen und mit dem Espresso beträufeln. Ein Teil der Nougat-Mascarpone-Creme darauf verteilen und die restlichen Biskuits darüber legen. Diese Lage mit Erdbeeersauce beträufeln du solange kaltstellen, bis die Sauce geliert ist. Nun die restliche Nougatcreme wellenförmig darauf verteilen und für etwa 2 Stunden in den Kühlschrank stellen. Zum Schluss mit dem Kakaopulver bestäuben.

64. Affogato mit Nuss-

Zutaten

Für 15 Portionen

80 g gemahlene Haselnusskerne

3 Eigelb, (Kl. M)

45 g Zucker

2 Pk. Vanillezucker

350 ml Schlagsahne

Außerdem

heißer Espresso

Zeit

Arbeitszeit: 20-25 Min.

plus Kühl- und Gefrierzeit

Nährwert

Pro Portion 115 kcal

Kohlenhydrate: 4 g

Eiweiß: 1 g

Fett: 10 g

Schwierigkeit

So wird es gemacht

In einer Pfanne die gemahlenen Haselnusskerne fettfrei anrösten und anschließend zum Abkühlen auf einen Teller geben. In einer Schüssel, über einem heißem Wasserbad, den Zucker, 1 Päckchen Vanillezucker und 2 Eigelb cremig etwa 2-3 min aufschlagen, bis alles heiß geworden ist. Vom Wasserbad herunternehmen und zum Abkühlen beiseitestellen.

Die Sahne in einer Schüssel steifschlagen. Etwa 1/3 der Sahne zur Eigelbmasse geben, verrühren und dabei die restlichen Nüsse langsam unterheben. Eine etwa 20 x 12 cm große Auflaufform mit einer Folie auslegen und die Eimasse hineinfüllen und glattstreichen. Über Nacht im Gefrierschrank einfrieren. Am nächsten Tag die Masse herauslösen und etwa 3 cm groß würfeln. Die Würfeln in Espressotassen oder Gläser geben und auffüllen mit etwa 120-150 ml heißem Espresso.

Den Affogato lässt sich jeden Tag genießen. Dazu einfach Würfel von der Masse abschneiden und in Gläser füllen. Das restliche Nusseis lässt sich wunderbar wieder einfrieren.

65. Tiramisù

Zutaten

Für 4 Portionen

125 ml starker Espresso

4 El Amarettolikör

225 g Mascarpone

125 ml Schlagsahne

60 g Zucker

3 Eigelb

170 g Löffelbiskuits

3 El Kakaopulver

Zeit

Arbeitszeit: 25-30 Min.

Kühlzeit

Nährwert

Pro Portion 580 kcal

Kohlenhydrate: 44 g

Eiweiß: 10 g

Fett: 39 g

Schwierigkeit

So wird es gemacht

Etwa 100 ml Espresso sehr stark zubereiten, in eine flache Schüssel geben und auskühlen lassen. Danach etwa 1-2 EL Amarettolikör zugeben und verrühren.

Sahne steifschlagen und die Mascarpone kräftig aufschlagen. Das Eigelb und den Zucker zu einer Creme verrühren. Sahne und Mascarpone vorsichtig unterheben.

Entweder eine große Dessertform mit etwa 15 x 15 cm oder vier kleine Förmchen mit etwa 8 x 8 cm bereitstellen. Die Löffelbiskuits einem im Espresso wenden und die Formen damit auslegen. Die Mascarponecreme darüber geben und für etwa 1,5 Std. in den Kühlschrank stellen. Das Kakaopulver vor dem Servieren über die Creme geben.

66. Cannoli - Cremerollen auf sizilianisch

Zutaten

Für 10 Portionen

Teigrollen:

80 g Butter

20 g Zucker

3 Eier , (Kl. M)

65 ml Marsala, (ersatzweise Weißwein)

225 g Mehl

Zimt

Salz

Mehl, zum Bearbeiten

2 El Öl, zum Ausbacken

Außerdem

Klarsichtfolie

10 Sahnerollen-Formen

Küchenpapier

Spritzbeutel

Füllung

450 g Ricotta, (ital. Frischkäse)

225 g kalte Marzipanrohmasse

275 g Erdbeeren

1 Bio-Zitronen

1 Vanilleschoten

125 ml Schlagsahne

3 El Puderzucker

Zeit

Arbeitszeit: 110-120 Min.

plus 2 Stunden Kühlzeit

Nährwert

Pro Portion 466 kcal

Kohlenhydrate: 36 g

Eiweiß: 12 g

Fett: 30 g

Schwierigkeit

So wird es gemacht

Die Butter in einem Topf auslassen und dann mit einem Ei, Zucker, 1 Prise Zimt, Marsala, Salz und Mehl in einer Schüssel zu einem glatten Teig verarbeiten. Den Teig in Klarsichtfolie einwickeln und etwa 1,5 Stunden in den Kühlschrank stellen.

Auf einer bemehlten Arbeitsfläche den Teig etwa 4 mm dünn ausrollen und etwa 8-10 Quadrate herausschneiden. Nun das restliche Ei verquirlen. Die Formen für die Sahnerollen ein wenig einfetten, um dann die Teigplatten hineinzulegen. Mit dem verquirlten Ei bepinseln, so einrollen, dass sie überlappen und dann etwas andrücken.

In einem Topf das Öl auf 170 Grad erwärmen. Nun die Teigrollen mit einer Schaumkeller portionsweise hingeben und schwimmend für etwa 4-5 min ausbacken. Wieder herausnehmen und ein Küchenpapier zum Abtropfen legen. Die Formen herausnehmen und die Rollen komplett auskühlen lassen.

Den Ricotta für etwa 20-25 in einem Sieb abtropfen lassen. Das Marzipan ganz klein schneiden oder reiben. Die Erdbeeren abwaschen, vom Grün befreien und in kleine Würfel schneiden. Die Zitronenschale abreiben. Aus der Vanilleschote das Mark herauskratzen. Die Sahne in einer Schüssel steifschlagen.

Abrieb der Zitronenschale, 1 EL Puderzucker, Ricotta, Vanillemark und Marzipan in eine Schüssel geben und mit verrühren. Nun die Sahne und die Erdbeeren vorsichtig unterheben. Einen Spritzbeutel mit einer großen Lochtülle vorbereiten, die Masse hineingeben und damit die Teigrollen füllen. Die Rollen auf einer Platte anrichten und mit dem restlichen Puderzucker bestreuen. Mit marinierten Erdbeeren (s. Rezept: Marinierte Erdbeeren) servieren.

67. Cappuccino-Creme

Zutaten

Für 4 Portionen

500 ml Milch

1 Mandelpuddingpulver

4 El Zucker

4 Tl Instant-Espressopulver

75 g Mokkaschokolade

125 ml Schlagsahne

125 ml fettarme Milch

Zeit

Arbeitszeit: 20-25 Min.

plus Kühlzeit

Nährwert

Pro Portion 332 kcal

Kohlenhydrate: 38 g

Eiweiß: 6 g

Fett: 16 g

Schwierigkeit

So wird es gemacht

Das Puddingpulver mit 4 EL Milch gut verrühren. Die restliche Milch in einen Topf füllen und zusammen mit dem Espressopulver und dem Zucker kurz aufkochen lassen. Das Puddingpulver einrühren, kurz aufkochen lassen und in eine Schüssel geben. Mit einer Klarsichtfolie bedecken und zum Abkühlen in den Kühlschrank stellen. Durch die Klarsichtfolie bildet sich keine Haut auf dem Pudding.

Die Sahne in einer Schüssel steifschlagen. Die Schokolade fein hobeln oder raspeln. Die Sahne und Schokolade unter den Pudding heben und alles gut durchrühren. Die Creme in Schälchen umfüllen und erneut 5-8 min kaltstellen.

In der Zwischenzeit die fettarme Milch in einem Topf leicht erwärmen und kräftig mit einem Schneebesen aufschäumen. Auf die Capuccino-Creme verteilen und direkt servieren.

68. Obst-Salsa mit Limoncello-Panna-Cotta

Zutaten

Für 4 Portionen

Panna cotta

3 Blätter weiße Gelatine

2 Bio-Zitronen

500 ml Schlagsahne

45 g Zucker

5 El Limoncello, (ital. Zitronenlikör)

Obst-Salsa:

125 g Aprikosen

125 g Erdbeeren

3 El Zitronensaft, (von der Panna Cotta)

2 El Orangensaft

20 g Puderzucker

3 Tl Akazienhonig

Außerdem

4 Gläser à ca. 300 ml Inhalt

Klarsichtfolie

Zeit

Arbeitszeit: 35-40 Min.

plus Kühlzeit mindestens 4 Stunden

Nährwert

Pro Portion 447 kcal

Kohlenhydrate: 30 g

Eiweiß: 4 g

Fett: 31 g

Schwierigkeit

So wird es gemacht

In kaltem Wasser die Gelatine einweichen. In der Zwischenzeit die Schale der Zitrone abschälen und etwa 5 EL Zitronensaft auspressen. In einem Topf den Zucker mit der Sahne und der Hälfte der Zitronenschale etwa 8-10 min bei mittlerer Hitzezufuhr aufkochen lassen. Alles danach durch ein Sieb gießen. Die Gelatine gut ausdrücken und in der Sahne auflösen. 2 EL Zitronensaft sowie den Limoncello dazu geben und alles miteinander verrühren. Die Masse gleichmäßig in 4-5 Gläser füllen und mit Klarsichtfolie abgedeckt über Nacht in den Kühlschrank stellen.

Die Aprikosen abwaschen, den Stein entfernen und würfeln. Erdbeeren waschen, das Grün entfernen und ebenfalls in kleine Würfel schneiden. In einer Schüssel Puderzucker, den restlichen Zitronensaft, Honig und den Orangensaft gut miteinander verrühren. Das Obst dazugeben und vorsichtig unterheben. Die Obst-Salsa für etwa 50-60 in den Kühlschrank stellen. Vor dem Servieren die Obst-Salsa auf die Panna Cotta verteilen.

Tipp: Damit das Dessert auch von Kindern gegessen werden kann, kann der Limoncello durch Zitronensirup ersetzt werden.

Abkürzungen:

G	Gramm
TL	Teelöffel
Ml	Milliliter
EL	Esslöffel(Suppenlöffel)
L	Liter
evtl.	eventuell
n. B.	nicht Benannt
Msp.	Messerspitze
Pck.	Packung
gestr.	gestrichen
gr.	groß
Ggf.	gegebenenfalls
TK	Tiefkühl
Kl	klein

M	**Mittel Groß**
kcal	**Kilokalorie**
	**Einfache Zubereitung**
	**Mittelschwere Zubereitung**
	**Schwere**

Quellen:

Eigene Versuche

Versuche von Familie und Freunde

http://www.lecker.de/

http://www.essen-und-trinken.de

wwww.kochbar.de

Bilder wurden ausschließlich von https://pixabay.com/de verwendet.

Wie waren die Informationen?

Solltest Du Gefallen an meinem Buch gefunden haben, wäre ich Dir sehr dankbar für Deine Bewertung. Um eine Bewertung zu hinterlassen,

klicke einfach hier (folgt noch)

und bewerte das Buch mit einigen kurzen Sätzen.

Das dauert nicht länger als 2 Minuten.

Schreibe, was Dir ganz besonders gut gefallen hat und natürlich auch (konstruktiv), solltest Du etwas vermisst haben. Ich lese wirklich jede Bewertung und jedes persönliche Feedback (*info@rdw-traders-club.de*). Das hilft mir dabei, meine Bücher stetig zu verbessern und den persönlichen Kontakt mit meinen Lesern zu intensivieren.

Auf meiner Facebook Seite, in unserer geschlossenen Gruppe, lade ich Sie gerne ein das wir verschieden aktuelle Erlebnisse Diskutieren können und jeder für sich bewerten kann.

Weil meist gibt es nicht nur eine Wahrheit.
https://www.facebook.com/m.rockit/

Besuche mich auf Homepage:

http://www.rdw-traders-club.de/BUeCHER-VON-RDW

Wenn Du über Aktion und Angebote informiert werden möchtest,
Trage Dich bei unserem Newsletter-dienst ein,
versprochen kein Spam.

http://www.rdw-traders-club.de/epages/80159646.sf/de_DE/?ObjectPath=/Shops/80159646&ViewAction=ViewNewsletterVielen herzlichen

Dank für Deine Unterstützung.

M. Rockit

Rechtliches

Für Fragen und Anregungen:

info@rdw-traders-club.de

BUCHTITEL

Rezepte aus Italien

La Dolce Vita aus Bella Italia

Atemberaubende italienische Küche zum selber machen.

EINFACH UND SCHNELL GEKOCHT

Aus der Serie **66 Rezepte zum Verlieben, Teil 25**

Auflage,1 JAHR 2018

Herausgeber dieses Buches ist

VERLAG: Rock die Wellen Traders Club

ADRESSE: An der Brenzbahn 6

PLZ, 89073 **ORT**, ULM

Ansprechpartner Rose, Marcus

Steueridentifikation: USt-IdNr.: DE306394148

Mein Facebook Seite

https://www.facebook.com/m.rockit/

!

Lektorat & Korrektorat: RDW – Traders CLUB

Cover: **Germancreative (https://www.fiverr.com/germancreative)**

ISBN: 9781793122025

Druckerei: Amazon Media EU S.à r.l., 5 Rue Plaetis,

L-2338, Luxembourg

Disclaimer-Alle Inhalte dieses Ratgebers/Kochbuches wurden nach bestem Wissen und Gewissen verfasst und nachgeforscht. Allerdings kann keine Gewähr für die Korrektheit, Ausführlichkeit und Vollständigkeit der enthaltenen Informationen gegeben werden. Der Herausgeber haftet für keine nachteiligen Auswirkungen, die in einem direkten oder indirekten Zusammenhang mit den Informationen dieses Ratgebers stehen.

Bücher Tipp

Hier geht's zu dem Buch Salat Rezepte

Hier geht's zu dem Buch Smoothie Rezepte

Hier geht es zu den Cocktail Rezepten

Hier geht's zum Buch Party Rezepte

Printed in Poland
by Amazon Fulfillment
Poland Sp. z o.o., Wrocław

92148485R00113